LE

D'ALICE 1

SYLVIE LOUIS

Illustrations:
Blanche Louis-Michaud

Scénarisation
des bandes dessinées:
Sylvie Payette

Dominique et compagnie
lejournaldalice.com

Suis Alice sur facebook.com/
lejournaldaliceofficiel

Les personnages

Julien Gauthier
(notre super enseignant)
Karim
(mon ami)
Pétula Fattal
(alias Cruella)
Marie-Ève (ma meilleure amie)
Gigi Foster
(mon ennemie publique numéro 1)

« Quel bazar !
s'est exclamée maman en entrant
dans ma chambre.
Demain, c'est la rentrée, Alice.
Alors, tu vas faire un bon
ménage. Pas ce soir ni la semaine
prochaine, maintenant ! »

En soupirant, j'ai commencé à ranger le fouillis accumulé pendant les vacances. Au milieu d'une pile de bandes dessinées des Zarchinuls, je suis tombée sur le cahier qu'oncle Alex m'a offert pour mes dix ans.

«Je sais que tu aimes bien écrire et que tu as beaucoup d'imagination», m'avait-il dit.

Ça m'a donné une idée. Je vais commencer un journal intime.

Bon, ma chambre est en ordre (ou presque…). J'ai déjà pris ma douche. Mon sac d'école est prêt. J'ai donc le temps d'inaugurer le cahier d'oncle Alex !

Mercredi 27 août

Par où commencer ?

Pourquoi pas par maman ?

Ma mère vient de loin,
de l'autre côté de l'océan.

* Elle est belge.
* Elle s'appelle Astrid Vermeulen.
* Elle est très jolie, très gentille
et très distraite.
* Elle travaille comme diététiste.
* Elle aime l'homme de sa vie,
comme elle appelle papa, ses filles,
les épinards, le pain de blé entier
et surtout... le soya.

Ça c'est une véritable obsession !
Le lait de soya à la vanille.
La mousse de soya aux fraises.
Sans compter le tofu, une matière

caoutchouteuse à base de soya. BEURK! Elle essaie régulièrement de nous en refiler.

Mon père, Marc Aubry, est québécois. Il travaille au centre-ville de Montréal dans une société qui vend des téléphones cellulaires aux entreprises. IL DÉTESTE LE SOYA. Et il raffole du chocolat! Caroline et moi aussi, d'ailleurs!

Caroline, c'est ma sœur. Elle a sept ans. Ou plutôt sept ans, trois mois et dix-neuf jours, comme elle le préciserait… Elle est difficile à table et ajoute du ketchup sur tout, ce qui désespère notre diététiste de mère ! Caro est très spontanée et rigolote. Avec elle, on s'ennuie rarement (même si parfois elle est carrément casse-pieds). Quand elle était petite, elle exigeait qu'on l'appelle **Caroline Carotte** ! Pourtant, elle n'est pas rousse mais blonde.

Mes cheveux à moi sont presque noirs, comme ceux de mon père. En parlant de mes cheveux, c'est le drame de ma vie ! Ils sont raides et informes. Et je n'en ai vraiment pas beaucoup. Pourtant, papa possède une sacrée tignasse. Quant à maman, ses cheveux blonds sont magnifiques.

Notre famille est sur le point de s'agrandir. Maman a passé une échographie. On va avoir un petit frère ! Il doit naître dans une dizaine de jours. On a déjà choisi son nom : Zachary.

Le mois dernier, Caroline a dû céder sa chambre au bébé. Je me suis donc retrouvée avec ma sœur dans la mienne… Elle a emménagé avec sa tribu de cochons en peluche au grand complet.

Et voici Grand-Cœur. Je l'ai trouvé dans la rue, il y a deux ans.

Réfugié sous notre voiture, le chaton miaulait à fendre l'âme. Mon cœur n'a pas résisté. Je suis parvenue à convaincre mes parents de l'adopter. Enfin, à persuader maman, parce que papa, lui, a tout de suite été d'accord. Lorsque j'ai d'abord annoncé à ma sœur que je comptais nommer le chaton P'tit-♥, elle a pouffé de rire.

– Plus tard, quand il sera un gros matou, ça aura l'air franchement niaiseux de l'appeler P'tit-♥ !

Bon, je n'avais pas envie que ma sœur se moque de mon chat. Alors, finalement, je l'ai baptisé Grand-♥. Aujourd'hui, c'est un superbe chat au poil lisse et brillant.

Les parents de mon père habitent à la campagne, près de la frontière américaine. *J'adore aller là-bas !* Ils ont trois fils : Étienne, Marc et Alex. Marc, c'est mon papa. Son plus jeune frère, mon oncle Alex, est photographe. Il voyage partout dans le monde. Son frère aîné, oncle Étienne, vit avec tante Sophie et mes cousins Olivier et Félix à Port-au-Persil, en Charlevoix. Comme c'est très loin, on n'a pas l'occasion de les voir souvent. La famille de ma mère, on la voit encore moins. Mamie, tante Maude, ma cousine Lulu et mon cousin Quentin vivent en Belgique. Mais cet été, mamie est venue passer un mois chez nous. Papi, lui, est mort quand j'étais petite. Je ne m'en souviens pas beaucoup. Du papa de mes cousins non plus, d'ailleurs. Lui et ma tante sont séparés depuis longtemps.

Nous, on habite à Montréal, au 42, rue Isidore-Bottine. Au n° 54, il y a monsieur et madame Baldini. Les rides de Rosa Baldini dessinent des rayons de soleil autour de ses yeux quand elle sourit. Devant sa maison, il y a des nains de jardin avec un grand sourire comme elle. Madame Baldini nous offre souvent des biscotti aux amandes (des biscuits italiens qu'elle prépare elle-même. Un délice !)

Ma meilleure amie s'appelle Marie-Ève. Elle a de beaux cheveux châtains légèrement ondulés. Je ne l'ai pas vue depuis mon anniversaire, le 15 août. Je suis bien contente de la retrouver demain ! Je fais un vœu pour que, cette année encore, on soit dans la même classe.

Mon ennemie publique numéro 1, c'est **GIGI FOSTER**, la plus grande de la classe. **Quelle nuisance, cette fille !** Elle passe son temps à nous espionner. Je formule donc un second vœu : que **GIGI FOSTER** se retrouve dans l'autre classe de 5ᵉ. Je me demande qui on aura comme enseignante, cette année : madame Robinson ou madame Pescador ? Madame Robinson a l'air plutôt sévère quand on la croise dans les couloirs. Pourvu que ce soit madame Pescador ! Elle est très gentille, et il paraît qu'elle ne donne pas trop de devoirs. C'est mon troisième vœu.

Jeudi 28 août

Comme chaque matin, Marie-Ève m'attendait au fond de la cour de *récré*, sous l'unique érable de l'école des Érables.

– Bonjour, Alice ! J'ai adoré mon camp d'équitation, mais j'avais très hâte de te revoir.

– Et moi alors ! ai-je répondu. Oh, regarde ! Monsieur Rivet affiche les listes d'élèves des différentes classes sur le mur. Allons voir !

Monsieur Rivet, c'est le directeur de notre école.

5e A : Classe de madame Robinson. Le ❤ battant, j'ai parcouru la liste des noms. Ni le mien ni celui de Marie-Ève ne s'y trouvaient. On est toutes les deux en 5e B !

– **YÉÉÉÉÉÉ ! ! !** avons-nous crié en même temps.

Mon vœu s'est réalisé !

Enfin, mon premier vœu, parce que pour le second, **horreur absolue**, c'est raté !

– Salut, Alice ! Tu as vu ? On est dans la même classe !

– Oh, Karim ! Bonjour ! Oui, c'est vraiment cool. Tu as passé de bonnes vacances au Liban ?

Karim est très sympathique. Il ne rit jamais de moi quand je rate le ballon au cours d'éducation physique ou quand madame Fattal, la prof d'anglais, fait une remarque désobligeante sur mon accent. Et en plus, il partage ses bonnes collations.

C'est super aussi de retrouver nos copines Africa, les deux Catherine, Audrey et la petite Jade.

Par contre, je t'avoue, cher journal, que j'aurais préféré que Patrick soit dans l'autre classe. Il se moque souvent des filles et fait des blagues pas subtiles. Jonathan, qui remue tout le temps, et Bohumil, le génie en maths, sont aussi avec nous.

– Alice, on n'a pas madame Pescador ! s'est exclamée Marie-Ève d'un AIR CATASTROPHÉ. Viens voir, c'est indiqué ici : *Classe de monsieur Gauthier.*

La cloche a sonné. Un **géant blond-roux** s'est approché de nous.

– Bonjour, vous êtes les 5e B ? a demandé ce colosse aux yeux bleu clair. Je m'appelle Julien Gauthier. Je suis votre enseignant.

Marie-Ève avait l'air franchement déçue de ne pas être dans la classe de madame Pescador. Mais cette année, celle-ci enseignera aux 6e A.

En classe, l'enseignant a distribué un petit carton à chacun de nous. Il fallait y inscrire son nom et venir le glisser dans un sac en tissu rouge.

– Je vais vous attribuer vos places, a-t-il annoncé.

Quand tous nos noms se sont retrouvés dans le sac, il l'a secoué puis a commencé à les sortir deux par deux. Moi qui voulais bien sûr m'installer avec Marie-Ève, me voilà à côté d'Eduardo, l'ami de Patrick… Au moins, je ne suis pas avec Gigi ! Marie-Ève, elle, a comme voisine une nouvelle élève nommée Éléonore Marquis. Elle est grande et mince avec de longs cheveux châtains tout lisses. L'autre nouveau s'appelle Simon Hétu-Ouelette. Il est blond avec des lunettes.

Monsieur Gauthier nous a demandé de nous présenter, en mentionnant trois caractéristiques personnelles. J'ai raconté que :

* Je rêve de faire le tour du monde comme mon oncle Alex.
* J'adore le chocolat à la menthe.
* J'ai une PEUR BLEUE des araignées.

– À mon tour, a déclaré monsieur Gauthier. Je viens de la Gaspésie, une région superbe à l'est du Québec. Vous êtes la première classe à qui j'ai l'honneur d'enseigner. Et je suis passionné par les planètes, les étoiles, les galaxies, bref, par l'espace.

Notre professeur a sorti un coffret doré d'un grand sac. Il l'a longuement poli avec un chiffon, jusqu'à le faire étinceler.

– C'est à vous de le remplir, a fait monsieur Gauthier en déposant le coffre par terre, à côté de son bureau. Lorsque l'un de vous sera pris en **flagrant délit** de bon

comportement, je lui remettrai un galet.
– Une galette ? a demandé Catherine Provencher, qui a toujours faim.
– Non, un galet, a répété notre enseignant en souriant. Les galets sont des cailloux qu'on trouve au fond des rivières.
– Qu'est-ce que vous voulez qu'on fasse d'un caillou ? a bougonné Patrick.

Imperturbable, monsieur Gauthier a répondu :
– L'élève qui aura mérité un galet ira le déposer dans le coffre aux trésors. Et dès que celui-ci sera plein, toute la classe bénéficiera d'un privilège.

– Quel genre de privilège ? a demandé Marie-Ève, soudain très intéressée.
– Ça peut être, par exemple, de profiter d'une heure d'activité libre ou d'une période de devinettes, a dit monsieur Gauthier. Ou encore d'assister à un petit spectacle de magie.

– Des tours de magie ! s'est exclamée Africa, les yeux brillants. Vous allez faire venir un prestidigitateur en classe, monsieur ?
– Le prestidigitateur, c'est moi, nous a-t-il annoncé. La magie compte en effet parmi mes passe-temps favoris. Comme devoir pour demain, les amis, je vous propose de réfléchir

à la question des privilèges. Vous me remettrez vos suggestions par écrit.

On ne peut pas en dire autant de madame Fattal, la prof d'anglais! On l'a eue en deuxième heure. C'est l'enseignante la plus sévère de l'école des Érables. Elle est arrivée en classe en boitant. Bizarre… Malgré ça, elle est comme d'habitude perchée sur ses **chaussures pointues** à talons aiguilles. Elle en possède toute une collection.

– Vous avez mal à la jambe ?
lui a demandé Jonathan.
– C'est impoli de se mêler de ce qui ne te regarde pas, a répliqué madame Fattal d'un ton sec.

Toujours aussi aimable...

En s'avançant vers le bureau, elle a trébuché sur le coffret doré.
– Aïe ! s'est-elle écriée. Qui a laissé traîner cette boîte ici ?
– C'est le coffre aux trésors de monsieur Gauthier, lui a répondu Jonathan.
– Et à quoi sert-il, ce coffre ? À y classer des verbes irréguliers ?
– Oh non ! On y déposera les cailloux qu'on aura gagnés grâce à notre bon comportement, a expliqué Gigi

Foster. Et quand le coffre sera plein, on recevra une récompense.

– Des cailloux ! s'est étouffée madame Fattal. *Des récompenses !* Ma parole, il se croit en maternelle, ce nouvel enseignant. Bon, passons aux choses sérieuses ! a-t-elle déclaré. Ouvrez votre agenda en page 3.

Pitié... Pas encore la lecture des premières pages de l'agenda ! Madame Fattal est une véritable maniaque du code de vie. Elle connaît les règlements de l'école par cœur et ne tolère pas le moindre écart de conduite. À chaque rentrée, elle commence son cours en faisant lire un article à haute voix par chacun des élèves. **C'est à mourir d'ennui.**

– « Article 1… » : Karim, tu commences.

Pendant que Bohumil lisait l'article 4 sur la tenue vestimentaire, j'ai étouffé un bâillement. À l'article 12, je bâillais tellement que j'en avais les larmes aux yeux. Madame Fattal a interrompu Simon. Me **fusillant du regard**, elle a lâché :

– Malgré les deux mois de vacances, tu sembles trop fatiguée pour réviser le code de vie avec nous. Pour te rafraîchir la mémoire, ma fille, tu le recopieras intégralement pour la semaine prochaine.

C'est pas vrai! Moi qui avais pris la résolution, cette année, de me faire oublier de madame Fattal, eh bien, **c'est raté**! J'ai dû lire l'article 23 selon lequel il est interdit de mâcher de la gomme à l'école. Passionnant…

Après la lecture du 26e et dernier article, madame Fattal a déclaré:
– Racontez-moi votre été. *In English, of course.* Audrey, tu commences?

Audrey, c'est **THE chouchou** de madame Fattal. Ensuite, Eduardo et Marie-Ève ont dû parler à leur tour.

La nouvelle élève avait passé un séjour à New York. Même si je ne comprenais pas grand-chose d'autre à ce qu'elle disait, je me rendais compte qu'elle s'exprimait très bien en anglais.

– *Excellent !* s'est exclamée la prof au moment où la cloche de la **récré** a sonné.

– *Thank you, Mrs Fattal,* a répondu Éléonore qui avait du mal à cacher sa fierté.

– Tu as vu comme cette fille m'a regardée ? m'a demandé Marie-Ève en sortant de la classe.

– Éléonore ? Non, je n'ai pas fait attention.

– Elle m'a toisée d'un **air supérieur**. Non mais, pour qui elle se prend, celle-là !

– Pour une future chouchou de madame Fattal, peut-être ? ai-je suggéré en prenant un air comique.

Et on a toutes les deux éclaté de rire.

Après le dîner, ma *best* et moi, on s'est réfugiées à l'ombre de notre érable. Assises contre le tronc, on a discuté de la question des privilèges.

– J'aimerais que le prof invite en classe un spécialiste des CHEVAUX.

– Et moi, je voudrais déguster en classe un chocolat chaud garni de crème fouettée et de guimauves miniatures !

– Tu as envie d'un chocolat chaud ?! s'est exclamée Marie-Ève. Moi, par

NOTRE
ÉRABLE !
J'AIME TELLEMENT
LES CHEVAUX...

cette chaleur, je préférerais de loin un verre de Citrobulles bien frais ! Ou une crème glacée. Tiens, c'est une bonne idée de privilège, ça.

– Je pensais à l'hiver, ai-je expliqué. Quand on revient complètement frigorifiés de la récréation. Un bon chocolat chaud, ce serait agréable, non ?

– Comment veux-tu que notre enseignant fasse chauffer du lait en classe ?

– Écoute, Marie-Ève, il nous a demandé des idées ; alors qu'il se débrouille pour les réaliser ! Surtout qu'il affirme avoir des talents de magicien ! Et j'ai encore autre chose à lui proposer : pouvoir choisir à côté de qui on s'assied en classe.

– Parce que, bien sûr, tu as une folle envie d'être la voisine de Gigi pendant toute l'année scolaire ! s'est esclaffée Marie-Ève.

– On ne peut rien te cacher, lui ai-je répondu en levant les yeux au ciel. **Comment as-tu deviné mon rêve le plus cher ?**

Vendredi 29 août

Ce matin, notre enseignant a ramassé les feuilles avec nos idées de privilèges.

– Monsieur, vous nous les lisez ? ai-je demandé, tout excitée.

– Non, Alice, a-t-il répondu avec un beau sourire. Ces privilèges doivent rester des surprises! Vous les découvrirez chaque fois que le coffre débordera de galets. Et maintenant, levez-vous, les amis!

On s'est tous regardés avec un air étonné et, à part Éléonore et la petite Jade, on est restés assis.

– Allez, approchez, a insisté monsieur Gauthier.

Alors on s'est tous levés en même temps en faisant **un sacré boucan** avec nos chaises. Puis, on s'est pressés comme un troupeau de moutons autour de son bureau.

– Regardez, nous a-t-il demandé en désignant le fond de la classe, ce mur, quand vous êtes assis, vous lui tournez le dos. Mais moi, je le vois toute la journée. Ces vieilles affiches décolorées me donnent le cafard. **Il faut mettre des couleurs dans cette classe !** Et si on la redécorait ? Lundi, vous apporterez une affiche ou une photo de votre héroïne ou héros préféré.

– Mon héros à moi, c'est Batman ! s'est exclamé Jonathan.
– Moi, j'admire Einstein, a déclaré Bohumil.
– C'est qui, lui ? a demandé Jonathan. Un chanteur punk ?

– Mais non, c'est un grand savant, a répondu Simon, le nouveau.
– C'est Jamie Oliver mon idole ! a affirmé à son tour Catherine Provencher. À la maison, on a toute la collection de ses émissions de cuisine sur DVD. Mon père et moi, on fait régulièrement ses recettes.
– Et moi, c'est Chantal Petitclerc, a annoncé Africa. Quelle athlète formidable !
– Tu as raison, Africa, elle est impressionnante, a affirmé monsieur Gauthier. Bon, vous voyez, ce sera très varié !
– Vous aussi, vous allez apporter une affiche de votre héros ? ai-je suggéré.
– Bonne idée, Alice ! C'est promis.

– Tu choisis qui, toi, comme héros ? ai-je demandé à ma *best* à la récré.

– **Les Tonic Boys !** a-t-elle répondu. Dans le numéro de septembre du magazine *MégaStar*, il y a un super poster de **Tom Thomas** et de ses musiciens sur scène.

– Moi aussi, c'est mon groupe préféré, ai-je décrété. Mais je n'ai pas d'affiche d'eux.

– Je t'en dénicherai une, Alice. Demain, j'irai feuilleter les anciens numéros dans la salle d'attente du salon de beauté.

En effet, la mère de Marie-Ève est esthéticienne. Et la famille habite dans un appartement juste au-dessus de son institut de beauté.

SAMEDI 30 AOÛT
J'ÉCOUTAIS MON DISQUE DES TONIC BOYS QUAND MAMAN A SURGI DANS MA CHAMBRE.
VIENS, ALICE, ON VA CHEZ LE COIFFEUR.
TONIC BOYS
ON VA CHEZ CINDY, TA COIFFEUSE ?
J'AI TROP DE CHOSES À FAIRE. ALLONS PLUTÔT CHEZ TONY, AU COIN DE LA RUE.
MONSIEUR TONY NOUS ATTENDAIT DANS SON SALON... POUR HOMMES !!! ET MAMAN M'A LAISSÉE LÀ POUR ALLER FAIRE L'ÉPICERIE. LA LÂCHE !
JE REVIENS DANS DIX MINUTES.
PAS TROP COURT, JUSTE LES ÉGALISER.
J'AI PEUR !!!
N'AIE CRAINTE, MA PETITE *SIGNORINA*!
ET VOILÀ. *BELLISSIMA*!
HORREUR ABSOLUE!!!

UNE FOIS DANS MA CHAMBRE, J'AI PLEURÉ, PLEURÉ. MA MÈRE TROUVAIT QU'UNE COUPE À LA PAGE ÇA FAISAIT NET. JE NE VOULAIS PLUS LUI ADRESSER LA PAROLE. CAROLINE EST ENTRÉE.
C'EST AFFREUX, CETTE COIFFURE !
MAIS JE PEUX T'ARRANGER ÇA.
AH OUI ? ET COMMENT ?
NOUS AVONS REGARDÉ LES MAGAZINES DE MAMAN. NOUS AVONS FINALEMENT TROUVÉ UNE COIFFURE PLUTÔT COOL.
CELLE-CI EST MIEUX QUE TA COUPE DE GARS QUI RESSEMBLE À UN HAMBURGER !
AVANT DE ME COUPER LES CHEVEUX, CAROLINE A VOULU PRENDRE UNE PHOTO.
NOOOON ! TU ES FOLLE ?!?
C'EST POUR FAIRE AVANT-APRÈS.
CAROLINE M'A RECOUPÉ LES CHEVEUX AVEC LES GRANDS CISEAUX DE LA CUISINE.
COUPE DROIT!
LE RÉSULTAT N'EST PAS GÉNIAL, MAIS JE NE VEUX PAS FAIRE DE PEINE À CARO.
JE PEUX PRENDRE UNE PHOTO MAINTENANT ? S'IL TE PLAÎT !!!

JUSTE AU MOMENT OÙ JE ME DEMANDAIS COMMENT MAMAN ALLAIT RÉAGIR, ELLE EST ENTRÉE...
MAIS COMMENT AS-TU PU LAISSER TA SŒUR FAIRE UNE TELLE BÊTISE ?
C'EST MOINS MOCHE QUE LA COUPE DE MONSIEUR TONY !
JE ME SUIS REMISE À SANGLOTER.
ÇA SUFFIT ! JE T'AMÈNE CHEZ CINDY. J'ESPÈRE QU'ELLE SERA ENCORE LÀ.
IL FAUT CROIRE QUE J'ÉTAIS UN CAS D'URGENCE, CAR MÊME S'IL ÉTAIT 17H, CINDY A ACCEPTÉ DE NOUS RECEVOIR.
CINDY M'A FAIT UNE VRAIE COIFFURE D'ADO, AVEC DU GEL.
MES CHEVEUX NE SONT PLUS RAPLAPLA. POURVU QUE ÇA DURE.

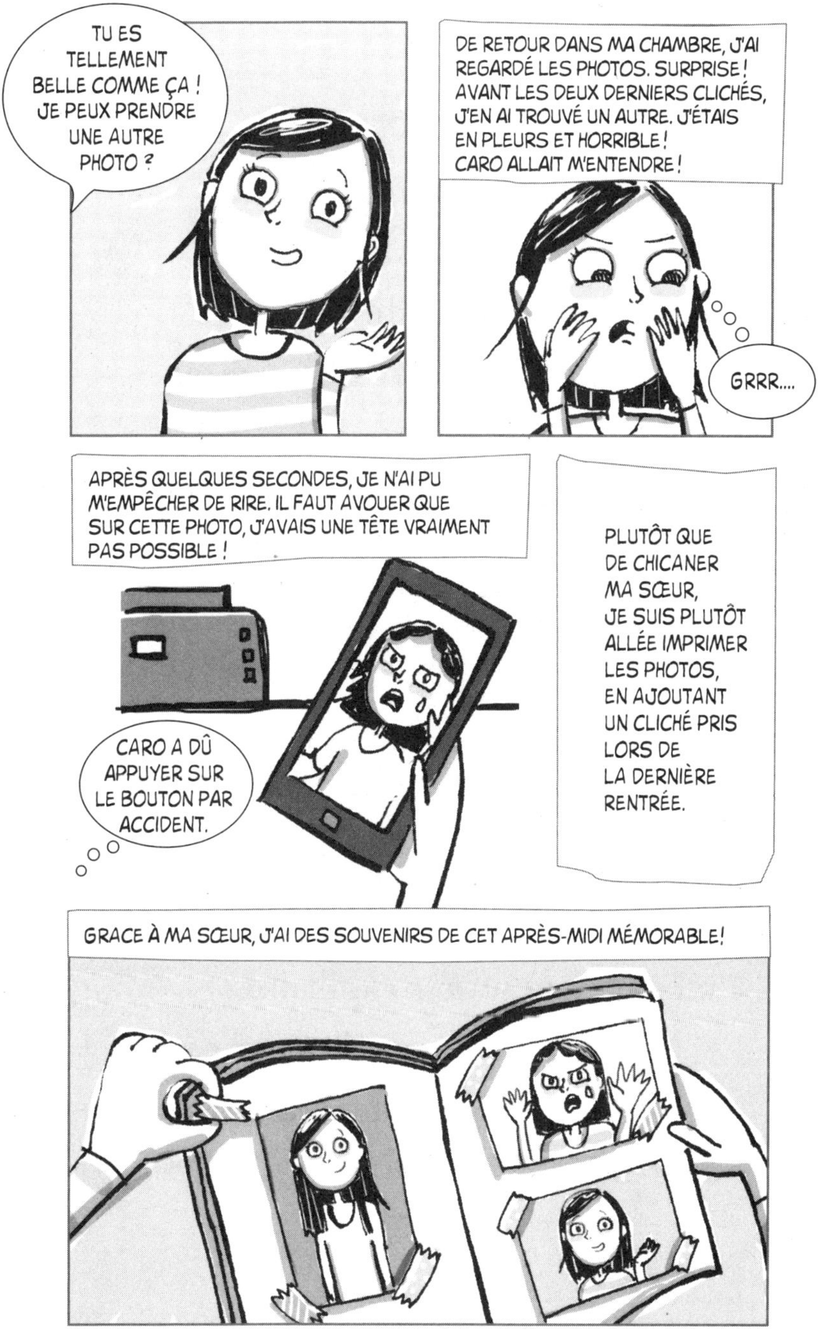
TU ES TELLEMENT BELLE COMME ÇA ! JE PEUX PRENDRE UNE AUTRE PHOTO ?
DE RETOUR DANS MA CHAMBRE, J'AI REGARDÉ LES PHOTOS. SURPRISE ! AVANT LES DEUX DERNIERS CLICHÉS, J'EN AI TROUVÉ UN AUTRE. J'ÉTAIS EN PLEURS ET HORRIBLE ! CARO ALLAIT M'ENTENDRE !
GRRR....
APRÈS QUELQUES SECONDES, JE N'AI PU M'EMPÊCHER DE RIRE. IL FAUT AVOUER QUE SUR CETTE PHOTO, J'AVAIS UNE TÊTE VRAIMENT PAS POSSIBLE !
CARO A DÛ APPUYER SUR LE BOUTON PAR ACCIDENT.
PLUTÔT QUE DE CHICANER MA SŒUR, JE SUIS PLUTÔT ALLÉE IMPRIMER LES PHOTOS, EN AJOUTANT UN CLICHÉ PRIS LORS DE LA DERNIÈRE RENTRÉE.
GRACE À MA SŒUR, J'AI DES SOUVENIRS DE CET APRÈS-MIDI MÉMORABLE !

Lundi 1er septembre

Quand ma meilleure amie m'a retrouvée sous l'érable, elle est restée bouche bée :

– WOW ! Alice, tes cheveux sont tellement cool !

– Merci, Marie-Ève ! J'avoue que je suis très contente du résultat final. Mais je t'assure que ça n'a pas été sans peine, ai-je dit en extirpant mon journal intime de mon sac d'école. Regarde !

Je l'ai ouvert à la page des photos. Devant son air ahuri, je lui ai raconté mes mésaventures capillaires.

– Oh là là ! Tu es trop drôle avec la coupe de ce coiffeur ! s'est-elle exclamée. Et ta tête après que ta sœur a essayé d'arranger ta coupe.... C'est si comique, ça aussi ! **Hi hi hi hi hi !**

À mon tour, j'ai été prise d'un terrible fou rire. Et Marie-Ève riait tellement qu'elle en pleurait !

– Oh ! Alice la p'tite maigrichonne s'est fait prendre en photo ! a lancé une voix moqueuse derrière nous.
ELLE SE PREND POUR UNE VEDETTE !

GIGI FOSTER ! GRRR !

J'ai fait volte-face.

– D'abord, je ne suis pas maigrichonne, ai-je riposté, furieuse. Je suis normale. Et puis, ces photos, ce n'était pas à toi que je les montrais ! Alors, arrête de nous espionner !

L'air satisfait comme chaque fois qu'elle nous embête, Gigi Foster s'est éloignée en sifflotant. **QUELLE PESTE !**

Soudain, j'ai réalisé le **DANGER** que je courais en apportant mon journal intime à l'école. Et si je l'égarais... Et si un prof ou le directeur le trouvait... Et si **GIGI FOSTER** s'en emparait... Je me suis juré de toujours le laisser en sécurité dans ma chambre. Ce cahier contient des **propos à haut risque** non seulement sur G. F., mais aussi sur madame Fattal...

Toutes mes copines m'ont fait des compliments sur mes cheveux.

Karim aussi d'ailleurs. Puis, changeant de sujet, Marie-Ève a déclaré :

– Alice, je n'ai pas oublié ton affiche des **Tonic Boys**.

– Ah, super ! Je la mettrai dans ma chambre. Car pour le mur de la classe, j'ai pensé à quelqu'un d'autre comme héros.

– Oh, et c'est qui ? a-t-elle demandé.

– **Alex Aubry**, mon oncle.

– Ton oncle ?! Comment ça, ton oncle ?

– Son métier est passionnant. Il s'intéresse à tous les peuples de la terre et les fait connaître grâce à ses belles photos.

– Mais il n'est pas célèbre…

– Pas autant que les **Tonic Boys**, bien sûr. Mais un peu quand même, ai-je expliqué. Ses photos sont publiées dans plusieurs magazines. Et le mois dernier, **son reportage sur la Turquie** a paru dans le *National Geographic*.

– Et tu as une photo de ton « héros » ? a demandé Marie-Ève.

J'ai sorti une grande photo où mon oncle, assis par terre et entouré d'une ribambelle d'enfants, compte sur ses doigts. J'ai expliqué à mon amie que les enfants lui apprenaient à compter en vietnamien. *Mon oncle, il sait compter jusqu'à 10 dans plein de langues différentes !*

En classe, on a enlevé ce qui couvrait le mur du fond : la liste des mots qui se terminent en *ou* et prennent un *x* au pluriel, une affiche sur l'importance de bien se laver les mains et une autre sur **la transformation d'un têtard en grenouille**. On est allés porter ces vieilleries dans le bac de recyclage. Et monsieur Gauthier a frotté énergiquement le mur.

Gigi Foster a été la première à coller son affiche. On y voyait un grand joueur de basketball qui marquait un but.

– **LeBron James !** s'est écrié Jonathan. COOL !

Et il s'est mis à dribbler un ballon imaginaire.

– Je suis d'accord avec vous, les amis, a renchéri notre enseignant. **LeBron James**, c'est le meilleur ! Avec Magic Johnson et Michael Jordan, bien sûr, mais ils appartiennent à la génération précédente.

Il est peut-être super connu, le héros de Gigi Foster, mais moi je n'en ai jamais entendu parler. *Il faut dire que pour lancer ou attraper un ballon, cher journal, je suis nulle !*

Et ce n'est certainement pas moi qui regarderais un match de basket à la télé !

En plus du poster géant que Marie-Ève a apporté, il y en a trois autres de notre groupe préféré.

Pas étonnant : le beau Tom Thomas, le chanteur de Tonic Boys, est le chéri des filles de la classe !

À son tour, monsieur Gauthier a déroulé une affiche.

– Vous le connaissez ? a-t-il demandé devant l'image de l'homme **souriant** qui mélangeait habilement un jeu de cartes.

– C'est l'illusionniste Luc Langevin ! a déclaré Africa. J'ai vu ses tours de magie à la télévision !

– Je rêve de suivre un stage avec lui, nous a confié notre enseignant. Et maintenant, retournons à notre place. Je vais voir si vous êtes des champions des multiplications.

Oups ! Heureusement qu'il ne m'a pas interrogée… Et comme je n'étais pas la seule à avoir oublié mes tables pendant les vacances, il nous a demandé de les revoir pour mercredi.

Mercredi 3 septembre

Ce matin, notre enseignant a sorti un nom du sac rouge.
– Gigi, tu nous récites la table de 7, s'il te plaît ?

Jusqu'à 7 x 3, ça a été, mais après, Gigi Foster a commencé à dire n'importe quoi. Alors monsieur Gauthier a de nouveau glissé son **énorme** main dans le sac.

– Alice, tu la connais, toi, la table de 7 ?

Je suis devenue rouge comme une tomate. D'accord, je les ai revues hier, mes tables. Mais si j'avais à nouveau tout oublié ? J'ai commencé et, par chance, les réponses coulaient toutes seules, comme une rivière de chiffres.

– **Bravo, Alice !** s'est exclamé monsieur Gauthier. **Tu es notre championne des tables !** Puisque tu es la première à ne faire aucune faute, tu seras aussi la première à recevoir un galet.

Après avoir fouillé dans son sac, il m'a tendu un caillou arrondi et lisse... peint en turquoise ! Comment mon enseignant avait-il deviné que c'était ma couleur préférée ? Émerveillée, je suis allée déposer le galet dans le coffre aux trésors.

Si j'ai eu la chance d'inaugurer ce coffret doré, c'est bien parce que monsieur Gauthier m'a interrogée *avant* et non *après* Bohumil. Car lorsqu'il lui a demandé la table de 9, notre génie en maths a débité les réponses à toute allure.

LE MERCREDI APRÈS-MIDI, ON A DE L'ÉDUCATION PHYSIQUE. NOTRE PROF, KIM DUVAL, EST SUPER COOL. L'AN DERNIER, SES CHEVEUX ÉTAIENT VERT FLUO. CETTE ANNÉE, ELLE A DEUX PETITES TRESSES BLEU ÉLECTRIQUE. SON SEUL DÉFAUT: ELLE ADORE LES JEUX DE BALLON...

En effet, pour moi, les parties de basketball, de volleyball ou de ballon chasseur sont un **véritable cauchemar!** Dès qu'une balle arrive dans ma direction, je l'évite dans l'espoir qu'un autre de mon équipe parviendra à l'attraper.

Cette fois, j'ai eu le malheur de me retrouver sur la trajectoire du ballon lancé par Gigi Foster. **Ce BOULET DE CANON m'a frappée en plein front!** Le choc a été si violent que je suis tombée, à moitié sonnée. La prof m'a fait asseoir sur le banc.

– Tu as une fameuse bosse, a-t-elle constaté. Je vais chercher de la glace.

Karim a dit à Gigi Foster:

– Tu pourrais quand même t'excuser !

– Elle n'avait qu'à attraper la balle ! a répondu cette idiote en haussant les épaules.

– On sait bien, elle, elle ne rate jamais un ballon ! ai-je ronchonné tout bas.

Madame Duval est revenue avec un sac de glace enveloppé dans une serviette.

– Tiens-le sur ton front, Alice. Bon, ça va un peu mieux ?

– Pas vraiment, ai-je répondu.

– Tu vas te reposer sur le banc.

Je me suis ennuyée à mourir en regardant les autres jouer...

Mais c'était quand même mieux

que de me retrouver au milieu
de la mêlée à risquer ma vie !

Jeudi 4 septembre

Ce matin, dès que j'ai vu ma *best*, je me suis précipitée à sa rencontre.

– Coucou, Marie-Ève ! ai-je lancé tout excitée. On n'avait pas de devoirs hier soir. Alors, j'ai regardé un concert des **Tonic Boys** à la télé. Je t'ai téléphoné pour te prévenir, mais il n'y avait personne.

– Mes parents se sont disputés, a fait mon amie en soupirant. Maman m'a emmenée manger à la pizzeria. Au fait, Alice, tu dis que tu n'avais rien à faire. Tu avais déjà fini de recopier les cinq pages du code de vie pour madame Fattal ?

Horreur absolue !

– Ne me dis pas que tu as oublié ? s'est inquiétée Marie-Ève.

– Ben oui ! ai-je avoué.

– **Oups!** Déjà que madame Fattal ne t'apprécie pas... Elle est capable de te COLLER UN ZÉRO ! Écoute, il reste vingt minutes avant de monter en classe. Si tu te dépêches, tu peux peut-être y arriver à temps.

Je n'avais pas une seconde à perdre. J'ai sorti de mon sac le cahier de brouillon, l'agenda et un crayon. Assise contre le tronc de notre érable, j'ai posé mon cahier sur mes genoux. J'ai écrit : *Code de vie de l'école*

des Écoles. Oh non !
Ça commençait mal ! J'ai arraché la première page et j'ai recommencé : Code de vie de l'école des Érables. Article 1 : L'élève doit en tout temps...

Gigi Foster nous tournait autour. Pas évident de me concentrer avec elle dans les parages ! **Zut !** J'avais écrit *Article 3* au lieu d'*Article 4* alors que j'avais déjà recopié l'article 3 !
– Je n'y arriverai jamais, me suis-je lamentée. **J'abandonne !**

J'en étais à l'article 9 quand la cloche a sonné. Mon amie m'a gentiment encouragée :
– C'est déjà mieux que rien, Alice !

Même si la leçon de notre enseignant sur les oiseaux migrateurs était passionnante, j'avais du mal à me concentrer. Pourvu que madame Fattal arrive en retard. Ça me donnerait le temps de continuer à recopier ce satané code. Mais à l'instant où monsieur Gauthier s'apprêtait à quitter la classe, TIC-TIC-TIC-TIC-TIC, le cliquetis des talons de notre enseignante d'anglais a résonné dans le couloir… Zut, c'était raté…

En entrant, madame Fattal a dit :
– Ouvrez votre livre à la première leçon. Marie-Ève, veux-tu nous lire les trois premiers paragraphes de l'histoire, s'il te plaît ?
– Oui, madame.
– *Good,* a commenté madame Fattal quand mon amie a eu fini. Éléonore, tu continues.

Deux minutes plus tard, notre prof s'est exclamée d'un air ravi :
– *Very good Éléonore ! Your accent is perfect !* Ça mérite 10 sur 10 !
La nouvelle élève s'est redressée, triomphante. Moi, j'ai pensé :
« Bienvenue dans le club des chouchous ! »

À mesure que l'heure d'anglais avançait, je me disais que madame Fattal avait peut-être oublié ma punition. Ou bien allait-elle me la réclamer à la fin du cours ?

Quand la cloche de la récréation a sonné, elle a ouvert son sac pour y ranger ses affaires. Moi, je me suis faufilée discrètement vers la sortie. C'est alors que Gigi Foster m'a demandé à voix haute :
– Et le code de vie, Alice, tu l'as déjà remis à madame Fattal ?

OH, NON ! C'est pas vrai… Pourvu que notre enseignante n'ait pas entendu. Mais elle s'est aussitôt tournée vers moi.

– Gigi a raison, a-t-elle dit. Apporte-moi tout de suite ta punition, Alice !

La mort dans l'âme, je suis allée chercher mon cahier de brouillon. Au moment où j'allais le tendre à madame Fattal, un **joyeux chœur** s'est mis à chanter à l'entrée de la classe :

– Bonne fête, Pétula, bonne fête, Pétula...

J'ai sursauté. Le directeur, monsieur Gauthier et toutes les enseignantes de l'école ont envahi notre classe. Monsieur Rivet tenait deux bouteilles de jus de fruits pétillant dans ses mains. Monsieur Gauthier portait, lui, un plateau plein de verres, et madame Robinson, un gâteau garni d'un million de bougies allumées.

– Allez-y, Pétula, soufflez ! a-t-elle demandé à sa collègue.

Moi, bien sûr, j'en ai profité pour filer.

Les enseignants étaient arrivés juste à temps ! Une seconde plus tard, madame Fattal aurait saisi mon cahier... Et comme elle ne badine pas avec le **CODE DE L'ÉCOLE**, elle m'aurait sans doute infligé une punition plus sévère. J'étais soulagée mais aussi furieuse. Gigi Foster m'avait dénoncée !

Plus tard dans la journée,
alors qu'on sortait de la cafétéria,
j'ai annoncé sans enthousiasme
à Marie-Ève :
– Bon, je vais continuer
à recopier le code de vie…

J'ai terminé juste avant que
la cloche sonne.

Dans l'escalier, je me suis trouvée
nez à nez avec la prof d'anglais
qui descendait.
– Ah, Alice Aubry ! Vas-tu enfin
me remettre ta punition ?
Je lui ai tendu mon cahier de
brouillon comme si de rien n'était.
Elle l'a feuilleté.

– Tu aurais pu faire un effort pour écrire plus proprement ! a-t-elle dit sèchement en me rendant mon cahier.

Pfff… elle n'est jamais contente, celle-là ! Mais, quand même, *je l'ai échappé belle…* Je serais devenue complètement dingue si j'avais dû tout recommencer !

Dimanche 7 septembre

C'est aujourd'hui que Zachary, notre bébé chéri, doit naître. Enfin, en théorie. Car lui ne semble pas au courant. Toute la journée, Caroline a attendu en vain le départ pour l'hôpital.

– Tu es sûre que tu n'as pas de contractions ? a-t-elle demandé à maman.

– Absolument certaine, a répondu cette dernière.

Après le souper, moumou s'est étendue sur le sofa pour se reposer. Caroline a fait irruption dans le salon. Elle s'est installée à genoux devant maman et a fait :

– *Toc toc toc !* en cognant sur son ventre avec son index replié, comme si c'était une porte. Dis, tu es là, Zachary ?

Puis, avec un air réjoui,
elle a déclaré à maman :
– Ça y est ! J'ai senti une contraction !
– Mais non, Ciboulette, c'est tout simplement ton petit frère qui gigote parce qu'il est content de t'entendre.
– **J'en ai marre de l'attendre, ce bébé !** Tu nous avais dit qu'il arriverait le 7 septembre !
– Autour du 7 septembre, a rectifié moumou, d'une voix lasse. On ne peut jamais être sûr de la date.

Histoire de changer les idées de Caro, j'ai proposé de regarder un film tous les quatre.
– D'accord, a-t-elle dit. Je vais chercher le DVD des *101 dalmatiens*.

Au moins, ce n'est pas *Babe* ! Je l'adorais moi aussi, autrefois, ce film avec un **cochon**. Mais comme, avec Caro, on l'a déjà vu un million de fois, je n'en peux plus…

On s'est installés dans le grand lit des parents. Papa a inséré le DVD dans le lecteur. Un peu plus tard, on en était au passage où **CRUELLA**, l'atroce amie d'Anita, traitait d'affreux petits rats les bébés dalmatiens qui n'avaient pas encore de taches sur leur pelage blanc.

J'ai soudain senti un coup qui provenait du ventre de maman. C'était Zachary qui faisait son **jogging** !

– Salut, petit frère ! On va se voir bientôt !

Je lui ai fait un câlin à travers le ventre de maman. Il est venu se blottir sous ma main. Papa a chuchoté :

– Je t'attends avec impatience, fiston ! Tu vas renforcer les troupes masculines de la famille Aubry. Parce qu'avec toutes ces femmes ici, je me sens vraiment en minorité !

Mardi 9 septembre

Aujourd'hui, maman est venue nous chercher à pied à l'école. La prof

d'anglais est passée devant nous.
Maman l'a saluée :
– Bonjour, madame Fattal. Vous avez passé un bel été ?
– Non, vraiment pas, a répondu madame Fattal. J'ai été opérée au genou.

Elle a légèrement soulevé sa jupe pour montrer son genou à ma mère. Il était traversé par une énorme cicatrice rouge et boursouflée.
– Mais quelle odeur !
s'est exclamée maman.
J'étais stupéfaite. **Offusquée**, madame Fattal a laissé retomber sa jupe.
– Voyons, madame !

– Je suis désolée, s'est excusée maman d'un air penaud. J'étais distraite. Je voulais plutôt dire : « Quelle **HORREUR** ! »

Ma mère, au lieu de rattraper sa gaffe, s'enfonçait encore davantage !

Si les yeux de madame Fattal avaient été des mitraillettes, Astrid Vermeulen serait **tombée raide morte, trouée de partout.** Très embêtée, maman a tenté de s'expliquer :

– J'ai dit : « Quelle horreur ! », madame Fattal, parce que je compatis avec vous. Cette opération a dû être **extrêmement** douloureuse ! A-t-elle définitivement réglé votre problème de genou ? Ou bien vous fait-il encore souffrir ?

Mais l'enseignante ne l'écoutait plus. Elle s'est éloignée en boitant.

– *Eh bien toi, on ne peut pas dire que tu m'aides !* ai-je reproché à maman. Déjà que madame Fattal ne m'aime pas…

Mais ma mère avait un air si piteux que je n'ai pas insisté. *De toute façon, madame Fattal est détestable.* **C'est bien fait pour elle !** Et puis, maman n'a pas fait exprès de la vexer. Son ventre énorme la fatigue beaucoup, surtout avec les grosses chaleurs de ces derniers jours.

Jeudi 11 septembre

En arrivant en classe, madame Fattal a buté contre le coffre aux trésors, qui a résonné d'un écho métallique.

– Encore cette stupide boîte ! s'est-elle exclamée en massant son pied. Elle est toujours dans le chemin !

Aïe, ça commençait mal...

De mon côté, j'espérais de tout cœur qu'elle ne se souviendrait pas de ce que maman avait dit à propos de son genou. J'espérais même, carrément, qu'elle ne se *souviendrait pas que madame Vermeulen était ma mère...*

Madame Fattal a annoncé :

– Voyons si vous avez bien étudié votre leçon. Alice Aubry, on va commencer par toi ! a-t-elle déclaré en plongeant ses yeux noirs dans les miens.

J'ai senti mon sang se glacer. Pour les deux premières questions, je m'en suis assez bien tirée. Mais par la suite, ça s'est gâté. Madame Fattal s'est écriée :

– Avec un 2 sur 10, tu commences plutôt mal ton année, ma fille ! **Si tu n'étudies pas, attends-toi à un échec retentissant !**

– Mais j'ai étudié, mad…

– **TARATATA!** m'a-t-elle interrompue. Ne raconte pas de mensonges! Quant à ton accent, on ne peut pas dire qu'il se soit amélioré pendant les vacances…

Patrick a pouffé de rire. L'enseignante a fait semblant de ne pas l'entendre. Elle a pris un air satisfait. On aurait dit qu'elle savourait sa vengeance.

– **Quelle peste, celle-là!** a chuchoté Marie-Ève alors qu'on sortait de la classe. Elle porte bien son nom. Elle est vraiment fatale!

– Je dirais même plus :
c'est une véritable **CRUELLA** !
ai-je murmuré à son oreille.
– **CRUELLA !** Alice, tu es géniale !
Ce surnom lui va à merveille !
– Chuuut, pas si fort ! ai-je murmuré
en posant un doigt sur mes lèvres.

En effet, **GIGI FOSTER**
se trouvait dans les parages…

Vendredi 12 septembre

Toujours pas de Zachary… Cet après-midi, maman avait rendez-vous chez le médecin. Si son fils ne se décide pas à venir au monde, elle devra se présenter à l'hôpital mardi prochain à 8 heures du matin. On provoquera l'accouchement avec un médicament. Oh, comme j'aimerais déjà être ce jour-là ! Caroline et moi, on accompagnera nos parents à l'hôpital. Dès que notre petit frère aura pointé le bout de son nez, papa viendra nous chercher dans le petit salon au bout du couloir.

Samedi 13 septembre

Ce soir, en sortant de la salle de bain, j'ai trouvé ma sœur en pyjama à plat ventre sur son lit. Elle semblait absorbée par sa lecture. Et ce qu'elle lisait avec tant d'intérêt, c'était… mon journal intime ! **Horreur absolue !** Je lui ai arraché des mains.

– **Aïe, tu m'as griffée!** a crié Caroline. Tu es folle ou quoi?

– Je ne l'ai pas fait exprès, mais de toute façon, tu l'as bien mérité! ai-je rétorqué. **Comment oses-tu lire mon journal intime?** Est-ce que je fouille dans ta table de chevet, moi? J'ai été obligée de t'accepter dans ma chambre, mais au moins, je m'attendais à ce que tu respectes mes affaires!

– Je viens à peine de commencer à lire, a expliqué ma sœur. Je voulais simplement savoir ce que tu écris dans ce cahier.

– Ça ne te regarde pas! Oh! À cause de toi, la couverture est pliée! Grrrrr! Grrrrr!

– C'est pas ma faute! a protesté Caro. Fallait pas tirer dessus comme une sauvage. Si tu me l'avais demandé, je te l'aurais rendu, ton cahier.

– Écoute-moi bien! Si tu y touches encore une seule fois, **JE NE TE FERAI PLUS JAMAIS CONFIANCE!**

Ma sœur m'a jeté un regard furieux.

– Ton bête journal, pfff, si tu crois que ça m'intéresse! a-t-elle ronchonné en levant les yeux au ciel.

Elle a fourré ses cochons en peluche dans son lit. Puis, elle les a rejoints et s'est tournée vers le mur. Que mademoiselle boude; ça m'est égal. Au moins, les choses sont claires!

Dimanche 14 septembre

Il m'est venu une idée. Je vais tester la loyauté de ma sœur.

Je laisserai traîner mon journal intime sur ma table de chevet. Je viens de saupoudrer sa couverture d'une très fine couche de farine.

C'est quasiment invisible sauf si on examine le cahier de très près. Je n'y toucherai donc pas pendant plusieurs

jours. En l'inspectant chaque soir, je saurais si Caroline Aubry est digne de confiance. *J'en aurai le cœur net.* Si je découvre la moindre trace de doigts sur la couverture, cela signifiera que ma sœur m'a trahie!

Lundi 15 septembre

Après le souper, j’ai vérifié si la fine couche de farine était intacte. Pas du tout ! Les traces de doigts étaient bien visibles ! Je la tenais, la coupable !

J’ai crié :

– **Caroliiine !**

– Oui ? a-t-elle répondu en accourant.

J’ai brandi mon cahier.

– Comme ça, tu avais promis de ne plus jamais y toucher ? **Menteuse !** Tu as lu mon journal intime en cachette !

Ma sœur a eu l’air surprise. Puis, elle s’est transformée en furie.

– Tu m’énerves à la fin ! Quand je promets, je promets. JE N’Y AI PAS RETOUCHÉ, À TON FICHU

CAHIER! D'ailleurs, si ça continue, je vais le jeter à la poubelle!

– Si tu oses faire une chose pareille, moi, ce sont **tes stupides cochons** que je balancerai aux vidanges!

Caro m'a donné un coup de pied dans le tibia. J'ai contre-attaqué en lui tirant les cheveux.

Maman, précédée de son énorme ventre, a fait irruption dans la chambre.

– Ça suffit, les filles!

– C'est Caroline! ai-je protesté. Elle lit mon journal intime en cachette et en plus, elle m'a menti, **la peste**!

– Peste toi-même! a riposté ma sœur. D'ailleurs, c'est toi qui mens!

Maman, l'air las, m'a dit:
– Alice, avant d'accuser quelqu'un, il faut des preuves. En possèdes-tu?
– Oui, j'ai la preuve qu'on a touché à mon cahier! ai-je affirmé.
– Mais bien entendu, Alice, qu'on a touché à ton cahier! s'est-elle exclamée. Sauf que ce n'est pas Caroline, c'est moi.

Je n'en revenais pas!

Si ma mère, en qui j'ai toujours eu la plus totale confiance, se mettait à lire mon journal intime, il ne me restait plus qu'à déménager!
– J'ai tout simplement soulevé ton cahier pour épousseter ta table de chevet, a-t-elle expliqué.

Maintenant, tu vas présenter des excuses à ta sœur !

Après avoir marmonné un vague « 'cuse », je me suis installée à mon bureau pour rédiger ma composition de français. Le thème : « Votre famille idéale ». J'ai expliqué que si j'avais pu choisir, j'aurais été enfant unique ! Avec une chambre pour moi toute seule, comme mon amie Marie-Ève. Et des parents beaucoup plus cool ! Cependant, à mesure que j'écrivais, ma colère retombait. Finalement, Caro ne m'a pas trompée. C'est ça l'important. Et puis, c'est bête de se disputer. Car non seulement je ne suis pas enfant unique, mais demain, en plus, on va avoir un petit frère.

Quand Caroline s'est couchée, je me suis assise sur son lit.

– **VA-T'EN!** a-t-elle crié. Tu écrases Nouf-Nouf!

– Écoute, Caro, j'étais furieuse parce que je croyais que tu m'avais menti. Je te demande pardon.

Après un silence, ma sœur a déclaré:

– OK, je veux bien te pardonner. Mais je voudrais que tu me dises comment tu as su qu'on avait touché à ton cahier?

Je lui ai confié mon truc. Et finalement, on s'est réconciliées.

MARDI 16 SEPTEMBRE
6 H 07.
ALICE, RÉVEILLE TOI !
QUOI, QU'EST-CE QU'IL Y A ?
ZACH S'EST ENFIN DÉCIDÉ À VENIR AU MONDE !
PENDANT QUE MAMAN S'HABILLAIT, PAPA A TENTÉ DE RÉVEILLER CAROLINE POUR QU'ON PARTE TOUS POUR L'HÔPITAL... IMPOSSIBLE !
ON VA APPELER MADAME BALDINI.
MAMMA MIA, C'EST LE GRAND JOUR !
PARTEZ, J'IRAI CONDUIRE CAROLINE À L'ÉCOLE.
SUR L'AUTOROUTE DÉCARIE, ON S'EST RETROUVÉS DANS UN EMBOUTEILLAGE MONSTRE.
MARC, LES CONTRACTIONS S'ACCÉLÈRENT.
%#@*!
JE NE PEUX PAS AVANCER PLUS VITE, ASTRID !

MÊME SI MAMAN DISAIT QUE TOUT ALLAIT BIEN, JE COMPRENAIS À SA VOIX QUE ÇA N'ALLAIT PAS FORT.
ÇA VA, ASTRID ?
OUI, OUI.
JE RESSENS L'ENVIE DE POUSSER.
C'EST QU'IL ARRIVE BIENTÔT ! C'EST PAS LE MOMENT !
SI TU CROIS QU'ON CHOISIT SON MOMENT !
TU NE COMPTES PAS ACCOUCHER DANS L'AUTO ?
JE PRÉFÉRERAIS DE BEAUCOUP ACCOUCHER À L'HÔPITAL.
L'AMBIANCE ÉTAIT HYPER TENDUE. IL S'EST MIS À PLEUVOIR. PAPA KLAXONNAIT NERVEUSEMENT, MAIS ÇA NE SERVAIT À RIEN. ON AVANÇAIT À UNE ALLURE D'ESCARGOT.
PENSEZ-VOUS VRAIMENT QUE ÇA VA CHANGER QUELQUE CHOSE DE KLAXONNER !
C'EST MA FEMME ! ELLE VA ACCOUCHER. AIDEZ-NOUS S'IL VOUS PLAÎT.
POLICE
À QUEL HÔPITAL VOUS RENDEZ-VOUS ?
À SAINTE-JUSTINE !
SUIVEZ-MOI. J'ACTIONNERAI LES GYROPHARES ET LA SIRÈNE.

EN QUELQUES MINUTES, ON ÉTAIT À L'HÔPITAL. UN PRÉPOSÉ A AIDÉ MAMAN À S'ASSEOIR DANS UN FAUTEUIL ROULANT.
NOUS ALLONS À LA CHAMBRE D'ACCOUCHEMENT.
FIOUUU !
ARRIVÉS AU 4E ÉTAGE, UNE INFIRMIÈRE A DEMANDÉ À PAPA DE LA SUIVRE. JE ME SUIS ASSISE SUR UNE CHAISE DANS LE CORRIDOR.
POURVU QUE TOUT SE PASSE BIEN !
TRÈS VITE, PAPA EST RÉAPPARU.
ALICE ! VIENS ! BÉBÉ EST NÉ !
OH, IL EST MIGNON AVEC SES GRANDS YEUX NOIRS !
J'AI EU TOUTE UNE SURPRISE QUAND PAPA A SOULEVÉ LA COUVERTURE DE ZACH.
REGARDE, ALICE, DEVINE LA SURPRISE !
L'ÉCHOGRAPHISTE S'ÉTAIT TROMPÉ !
INCROYABLE !!! C'EST UNE FILLE !!!

À 15 H 00, ON EST ALLÉS CHERCHER CAROLINE À L'ÉCOLE POUR L'AMENER À L'HÔPITAL. DANS L'AUTO, ELLE ÉTAIT D'UNE HUMEUR MASSACRANTE…
VOUS AURIEZ DÛ ME RÉVEILLER ! MOI AUSSI, J'AURAIS VOULU VENIR CE MATIN.
TU VAS AVOIR UNE SURPRISE !
MAMIE NOUS A ENVOYÉ DES CHOCOLATS DE BELGIQUE ?
NON, CETTE SURPRISE CONCERNE LE BÉBÉ.
CE SONT DES TRIPLÉS !
NON !
DES JUMEAUX ALORS ?
NON PLUS.
NOTRE PETIT FRÈRE EST NOIR ?
MAIS NON, C'EST UNE FILLE !
?!?
CARO SEMBLAIT DÉÇUE QUE CE NE SOIT PAS UN GARÇON. QUAND PAPA A DIT QUE LE BÉBÉ ME RESSEMBLAIT, ELLE S'EST MISE À BOUDER.
IL FAUT TROUVER D'URGENCE UN NOUVEAU PRÉNOM !

Mercredi 17 septembre

Ce matin, avant de nous conduire à l'école, papa a fait un crochet par l'hôpital. La chambre de maman était plongée dans la PÉNOMBRE. Caro a sauté sur son lit et l'a embrassée. Maman s'est réveillée.

– Ah, c'est vous, *mes chéris*, a-t-elle dit en clignant des yeux parce que papa ouvrait les rideaux.

Une infirmière est entrée. Avant de s'occuper de ma mère, elle s'est penchée sur le berceau où dormait Petite sœur.

– *Quel superbe bébé !* s'est-elle extasiée. Comment l'avez-vous appelé ?

– Zachary ! a répondu fièrement maman.

Caroline, papa et moi, on l'a dévisagée.
– Ah, je pensais que dans la chambre 4657, c'était une petite fille, a dit l'infirmière, confuse. Excusez-moi, je me suis trompée.
– Mais pas du tout, c'est bien une petite fille, a répondu moumou en se redressant brusquement. Et elle s'appelle… euh… euh…
– ZOÉ ! avons-nous crié en chœur.

Chère, chère maman, elle est si distraite… Mais là, tout de même, elle exagère ! Car hier soir, on s'était mis d'accord sur un prénom de fille qui nous plaisait à tous les quatre.

Jeudi 18 septembre

Et voilà, nous sommes cinq à la maison! Ce soir, pendant que maman prenait sa douche et que papa faisait la vaisselle, j'ai bercé ma nouvelle petite sœur. Quoi qu'en dise Caroline, elle est jolie comme un ❤! Dans mes bras, notre mini-princesse dormait aussi paisiblement que la Belle au bois dormant. J'ai murmuré:

– Zoé, je suis très heureuse que tu sois ma sœur. Je vais faire trois vœux pour que tu aies une belle vie. Le premier : échapper, comme Caroline, au gène de la distraction transmis par notre maman et dont j'ai malheureusement hérité.

Zoé a esquissé un sourire dans son sommeil. Émerveillée, j'ai continué mon doux murmure :
– Comme deuxième vœu, je te souhaite, plus tard, de ne jamais avoir **CRUELLA** comme prof d'anglais ! Enfin, mon dernier vœu : que tu ne sois pas, comme moi, atteinte d'insuffisance capillaire, mais qu'au contraire, tu aies de beaux cheveux !

Parce que, pour le moment, il faut avouer que c'est mal parti…
La « chevelure » de Zoé se résume à un duvet ultra-doux formé par une trentaine de poils microscopiques !

Caroline a surgi à nos côtés.
– Tu as encore ce bébé dans les bras ! s'est-elle exclamée. Pourquoi tu ne le mets pas dans son lit ?

Le charme était rompu. Réveillée en sursaut, Zoé s'est mise à pleurer.
– Oh ! ai-je soupiré, déçue. Quel dommage ! Elle dormait si bien. La prochaine fois, Caro, parle plus doucement !

– **Pfff…**, a-t-elle fait en levant les yeux au ciel.

J'avais beau essayer de consoler Zoé, ses pleurs s'étaient transformés en véritables **HURLEMENTS**. D'en haut, maman a crié :
– Je suis sortie de la douche ! J'enfile mon peignoir et j'arrive !

Lundi 22 septembre

Gigi Foster est peut-être douée pour les jeux de ballon, mais on ne peut pas en dire autant pour la conjugaison ! Dans son contrôle, elle a confondu tous les temps. Monsieur Gauthier était un peu **embêté**.

– Écoute Gigi, je ne te donne pas de note, cette fois-ci. Mais je voudrais que tu revoies à fond l'imparfait et le passé composé. Lundi prochain, je t'interrogerai pendant que les autres seront à la récréation et, cette fois, j'évaluerai tes progrès. Tes parents peuvent-ils t'aider à réviser ?
– Bof ! a-t-elle répondu.

– Si tu veux, Gigi, a dit Africa, je pourrais te donner un coup de main pour apprendre les règles de conjugaison après l'école.
– Quelle bonne idée, Africa ! a approuvé monsieur Gauthier. En attendant, pour ta générosité, tu mérites ceci.

Et il a sorti de son sac un galet jaune soleil.

Africa est allée le porter dans le coffre aux trésors qui se trouve maintenant au fond de la classe.

Car **CRUELLA** s'est plainte auprès du directeur… Celui-ci a simplement suggéré à monsieur Gauthier de déplacer son coffret dans un coin où la prof d'anglais ne risquera plus de trébucher dessus.

– Je ne parviens plus à fermer le couvercle, a constaté Africa.

– Et tu sais ce qui arrive quand le coffre est plein ? lui a demandé monsieur Gauthier.

– Oui ! a-t-elle répondu. Un spectacle de magie !

– Une autre fois, lui a promis notre enseignant. Ce soir, il me reste encore vos contrôles sur le mode de vie traditionnel des Amérindiens à corriger. Je n'aurai donc pas le temps de vous préparer une séance de magie. Le privilège de demain consistera plutôt, pendant la première période de cours, à se raconter des blagues. Préparez-vous, les amis ! Et vous pouvez comptez sur moi ! J'adore les bonnes blagues et j'en connais moi-même plusieurs !

Mardi 23 septembre

On s'est vraiment amusés ! Patrick Drolet est assurément le champion des blagues. C'est d'ailleurs de lui que provenait cette suggestion de privilège. Bohumil et Catherine Frontenac nous ont bien fait rire eux aussi. Mais quand notre enseignant a commencé à raconter ses blagues, alors là, on a hurlé de rire ! C'est à peine si on a entendu les coups frappés à la porte.

– Entrez, a dit monsieur Gauthier.

C'était **CRUELLA** !

– Les élèves de 5e A essaient de se concentrer sur la leçon d'anglais, a-t-elle déclaré d'un air pincé. Ce qui est loin d'être évident avec l'atmosphère dissipée qui règne dans votre classe… Être enseignant, monsieur, c'est aussi savoir faire preuve d'AUTORITÉ !

– Je ne donnais pas de cours à mes élèves, madame, a expliqué monsieur Gauthier. Je leur racontais des blagues.

Interloquée, **CRUELLA** l'a dévisagé.

– Croyez-vous que c'est pour faire des blagues qu'on vous paie ? a-t-elle demandé. Il ne faudrait pas que le directeur apprenne ça ! Au moins, monsieur l'*amuseur public*, ayez la politesse de ne pas déranger le travail des autres élèves qui, eux, ont un véritable enseignant !

Sur ce, elle a **claqué la porte**. Nous, on était pétrifiés.

– Ne laissons pas madame Fattal gâcher votre privilège, a dit monsieur Gauthier d'un ton jovial. Allez, les amis, on continue ! Je vous demande simplement d'être plus discrets.

Gigi Foster a raconté une blague interminable... Enfin, c'était censé être une blague mais je n'ai rien compris. Marie-Ève et moi, on s'est regardées. On a éclaté de rire, pas parce que c'était

comique, mais parce qu'on ne voyait vraiment pas ce qu'il y avait de drôle !

Dimanche 28 septembre

Cet après-midi, maman était en train d'allaiter son **bébé** quand Caroline, assise à côté d'elle, a lancé :

– Maman, tu m'aimes plus que Zoé, n'est-ce pas ?

Elle semblait très confiante. Elle devait penser que notre mère allait la rassurer en lui affirmant : « C'est évident, ma Ciboulette ! »

Mais maman a répondu :

– Non, Caroline chérie, je ne t'aime pas plus que ta petite sœur, je t'aime autant qu'elle. Et autant qu'Alice.

Et bang ! La déception de ma sœur était évidente. Elle a quitté le salon sans dire un mot.

Je suis allée la rejoindre dans notre chambre. Assise sur son lit, elle serrait Nouf-Nouf, Naf-Naf et Nif-Nif dans ses bras. On aurait dit qu'elle se trouvait sur un radeau perdu au milieu de l'océan.

– Écoute, Caro, il faut que je t'explique, lui ai-je dit. Les mères ont un cœur élastique qui s'agrandit à mesure qu'elles font des bébés. Les pères aussi, d'ailleurs.

C'est ce que maman m'avait raconté après ta naissance. Je m'en souviens encore.

Ma sœur a secoué la tête. Visiblement, elle n'y croyait pas à l'argument du ♥ élastique.

– Maman est injuste ! a-t-elle protesté. Zoé, ça ne fait même pas deux semaines qu'elle a débarqué dans notre vie. Tandis que moi, maman me connaît depuis **sept ans, quatre mois et vingt jours** !

– Tu sais, Caro, d'après ta théorie, maman, qui vit avec moi depuis plus de dix ans, devrait m'aimer davantage que toi, ai-je répondu. Si c'était vrai, tu trouverais ça très injuste également. Et tu aurais raison ! À quoi ça servirait d'avoir plus d'un enfant si on n'adorait que le premier et qu'il ne restait que des miettes d'amour pour les autres ?

– Hum, c'est vrai…, a soupiré ma sœur. Mais j'aurais trouvé normal que les parents m'aiment un peu plus que Zoé… Au début, au moins.

Elle a donné un bisou sonore sur le groin de chacun de ses cochons bien-aimés puis s'est levée d'un bond. En sautillant joyeusement autour de la chambre, elle s'est mise à chanter à tue-tête :

– Qui a peur du Grand Méchant Loup ? C'est pas nous, c'est pas nous ! Qui a peur du **Grand Méchant Loup** ? C'est pas nous du tout !

Mardi 30 septembre

Ce soir, papa est arrivé au moment où on se mettait à table.

– Oh, tu as été chez le coiffeur, Marc ! s'est exclamée maman. Tu es tout beau comme ça, mon chéri !

Ils se sont embrassés.

C'est vrai que ça lui va bien, à mon père, les cheveux courts. Il ressemble à son frère Alex, comme ça. En moins bronzé. Mais sa coupe n'était pas la même que d'habitude. Derrière, elle était un peu arrondie... Un doute s'est insinué dans mon esprit.

– Chez quel coiffeur as-tu été, papa ? lui ai-je demandé.

– Celui au coin de la rue.

– Chez monsieur Tony ? !

– Oui, c'est ça. Il m'a reçu tout de suite, sans rendez-vous. Et puis, un coiffeur pour hommes à deux minutes de la maison, c'est tellement pratique !

– Un coiffeur pour hommes…, ai-je répété en regardant maman. *Je le savais bien que c'était un coiffeur pour hommes !*

Jeudi 2 octobre

Cruella écrivait au tableau les mots anglais qui désignent les parties du corps humain. Je m'appliquais à recopier *head, hair, shoulder, arm* et *hand* quand un petit bruit sec a éclaté devant moi. **Horreur**

absolue! Patrick avait pété! **Une odeur pestilentielle** s'est répandue autour de moi. Assise dans l'autre rangée, Marie-Ève m'a regardée. J'ai bouché mon nez en faisant une grimace. Elle a froncé les sourcils pour demander ce qui n'allait pas. En désignant le dos de Pat, j'ai articulé, sans émettre aucun son car **CRUELLA** a l'ouïe très fine:

– Patrick a pété.

Mais Marie-Ève ne comprenait toujours pas. Et avec son rhume, apparemment, elle ne sentait rien du tout, la chanceuse. Alors, sur un feuille de brouillon, j'ai écrit:

Patrick a pété! Ça pue!!!

Je lui ai tendu mon message. Juste à cet instant, Cruella s'est retournée. TIC-TIC-TIC-TIC-TIC, elle a vite accouru vers nous. Tiens, tout à coup, elle ne boitait plus!

– Donne-moi ce billet! a-t-elle ordonné à mon amie.

Marie-Ève, qui l'avait fourré dans son cahier d'anglais, a bien été forcée de le lui remettre. **Cruella l'a lu en silence**.

– De mieux en mieux, Alice Aubry! s'est-elle exclamée d'un ton sarcastique. Je te colle un **ZÉRO**, ma fille! Ça t'apprendra à distraire tes amies en leur passant des messages stupides!

Zéro, voilà qui n'allait pas faire remonter mes notes d'anglais… Mais quand j'y pense, j'ai quand même eu de la chance ! En effet, cet inoffensif petit billet ne parlait que des **pets** de Patrick. S'il avait évoqué un sujet plus compromettant, comme… **Cruella**, par exemple, j'aurais eu de graves ennuis ! J'ai pris la résolution de ne jamais envoyer de message qui concerne la prof d'anglais. Ce serait trop risqué.

Vendredi 3 octobre

J'étais en train de verser des croquettes de thon dans le bol de mon chat quand papa est revenu de la réunion des parents d'élèves.

– Ah, Alice, quel enseignant merveilleux tu as ! s'est-il exclamé. Il a dit que tu étais une fille sociable et que tu avais plein de bonnes idées, a affirmé papa. Il a aussi souligné ton excellent travail en français et en géographie. Bref, il est très heureux de t'avoir dans sa classe.

Je n'en revenais pas. C'est bien le premier prof qui ne se plaint pas de ma distraction légendaire et de mon **bavardage** ! Sans parler que les maths, c'est vraiment pas mon fort...

Un enseignant comme lui, ça donne envie de faire des efforts.

– Par contre, ta prof d'anglais est beaucoup moins satisfaite, a poursuivi papa.

Oups ! Ça, il fallait s'y attendre…

– Tu vas devoir te mettre sérieusement à étudier au lieu de passer ton temps à refiler des billets à tes amies durant le cours.

– Des billets, elle exagère, ai-je rétorqué. Je n'ai passé qu'un seul petit papier de rien du tout à Marie-Ève ! *Et j'ai eu la malchance de me faire prendre.*

– Comme preuve, madame Fattal a sorti ton billet de son sac et l'a agité sous mon nez, a raconté papa.

Puis, elle me l'a tendu solennellement. Mais quand j'ai lu le message que tu avais écrit, j'avoue que j'ai dû me retenir pour ne pas **éclater de rire** !

Heureusement qu'il ne l'a pas fait ! **Je l'ai échappé belle !** Au moins, mon père semble me comprendre.

Mercredi 8 octobre

Comme la plupart des nouveau-nés (c'est maman qui le dit), Zoé a des coliques. Résultat : elle a **hurlé** toute la soirée. Bref, tout à l'heure, Zoé venait de s'endormir dans ses bras quand papa a murmuré :

– Mon p'tit bichon, tu es le plus beau des bébés !

Caroline, qui dessinait une famille de **COCHONS**, a quitté brusquement le salon. Je pensais qu'elle allait aux toilettes. Comme elle ne revenait pas, je suis montée dans notre chambre.

Vêtue de son imperméable jaune et chaussée de ses bottes de pluie, Caro fourrait ses cochons en peluche dans son sac.

Frappée de stupeur, je lui ai demandé :

– Mais… qu'est-ce que tu fais ?

– J'en ai assez de mes parents qui ne m'aiment presque plus depuis que ce BÉBÉ LALA DE RIEN DU TOUT est né ! Je m'en vais !

– Tu ne peux pas faire une chose pareille ! me suis-je écriée. Je t'assure que nos parents nous aiment toujours beaucoup. D'accord, papa a dit à Zoé qu'elle était le plus beau des bébés. Mais je suis certaine qu'il a dit la même chose à ta naissance et à la mienne !

– Alors papa est un menteur. Et maman, elle est toujours occupée avec son bébé. **Je veux changer de famille.** Je trouverai bien des gens qui voudront m'adopter.

– Et moi, tu m'abandonnerais ?

– Il te resterait une sœur, m'a-t-elle répondu **FROIDEMENT**.

– Voyons, Caro, c'est pas pareil ! Tu es unique, et je t'aime !

Bon, j'ai quand même fini par la convaincre de rester vivre avec nous.

Pfff ! Je te jure, cher journal, que les petites sœurs, c'est pas de tout repos...

Mercredi 15 octobre

Ce matin, il y a eu un tremblement de terre en Turquie. Ce séisme a causé des centaines de morts.

Ce soir, je me suis glissée à côté de papa qui regardait les informations à la télé. Les images m'ont **bouleversée**. On voyait les décombres d'une école. Les secouristes retiraient un à un les corps des enfants et ceux de leurs enseignants. Une femme berçait son bébé mort devant les ruines de sa maison. Et un homme hagard soutenait sa vieille mère. Ils avaient perdu toute leur famille.

C'était trop triste !

J'ai filé dans ma chambre.

Caroline m'a demandé :

– Mais… pourquoi tu pleures ?

– Je ne pleure pas, ai-je répliqué. J'ai juste le nez et les yeux qui piquent. Ça doit être une allergie.

– Mais Alice, je le vois bien que tu pleures !

Alors, j'ai éclaté en **sanglots**.

Dès que j'ai été capable de parler, je lui ai expliqué la raison de ma peine. **Elle a fait de son mieux pour essayer de me consoler.** Mais quand même, des fois, la vie est trop injuste ! Bon, je te laisse, cher journal. J'ai juste une envie : me blottir dans mon lit contre mon chat bien-aimé.

Jeudi 16 octobre

Ce matin, j'ai raconté à Marie-Ève ce que j'avais vu à la télé.

– C'est terrible ! a-t-elle reconnu.

– Non seulement il y a plein de morts, ai-je ajouté, encore **bouleversée**, mais en plus, les survivants n'ont plus de logement. Ils manquent de nourriture, d'eau potable, de médicaments, bref, de tout. Il faudrait les aider.

Marie-Ève a haussé les épaules en signe d'impuissance :

– Comment veux-tu qu'on fasse quoi que ce soit, Alice ? a-t-elle répondu. On habite à des milliers de kilomètres de la Turquie.

Tout à coup, j'ai eu une idée.

– Les gens vont avoir besoin de beaucoup d'argent pour reconstruire leurs villages, lui ai-je expliqué. Et si on récoltait des sous comme on le fait chaque année à l'Halloween pour l'**Unicef** ?

On pourrait demander à tous les parents de l'école de participer.

– Wow ! s'est exclamée Marie-Ève. Alice, tu es géniale !

On est allées trouver monsieur Gauthier. Lui aussi était emballé par mon idée. Il a promis d'en parler au directeur.

Vendredi 17 octobre

– Veux-tu un biscuit ? ai-je demandé à Marie-Ève en arrivant à la récréation.

– Non merci, Alice, je n'ai pas faim. Euh… je… je voudrais te confier un secret.

– Quoi ? ai-je demandé, intriguée.

– Simon, eh bien, je le trouve vraiment beau. Durant le contrôle de fractions, je me suis aperçue qu'il me regardait. Je lui ai souri. Quand il m'a souri à son tour, mon cœur s'est mis à battre très vite, comme un cheval au galop et...

Catherine Provencher l'a **interrompue**.

– Alice, tes biscuits ont l'air délicieux. Je peux en avoir un, s'il te plaît?

Pour avoir la paix, je lui ai donné les deux biscuits qui me restaient. Elle est repartie, toute contente.

– Et puis? ai-je demandé à Marie-Ève.

– Après, j'ai eu beaucoup de difficultés à me concentrer sur les dernières fractions. Je crois que je suis en train de tomber amoureuse.

J'ai dévisagé mon amie. Elle était toute rose.

– C'est vrai qu'il est beau, Simon, ai-je reconnu. Et gentil aussi. Mais lui qui a l'air un peu timide, ça m'étonne qu'il ait osé te fixer comme ça !

Prise d'une inspiration subite, j'ai ajouté :

– Ça doit être l'amour qui lui donne des ailes !

Marie-Ève a poussé un soupir d'aise.

Cet après-midi, monsieur Gauthier nous a communiqué une bonne

nouvelle, à mon amie et à moi.
Le directeur est d'accord pour qu'on organise une collecte de fonds pour venir en aide aux victimes du tremblement de terre. Il demande que, toutes les deux, on écrive aux parents en leur expliquant notre démarche. Il remettra une copie de cette lettre à chacun des élèves. Notre enseignant souhaite nous encourager dans ce beau projet. Il nous donne 50 $ pour notre collecte. Décidément, il est adorable !

En rentrant à la maison, j'ai ouvert ma tirelire. Elle contenait 4,13 $. Je les ai placés dans une enveloppe avec le billet de monsieur Gauthier.

Papa a ajouté 20 $. Ce qui fait déjà 74,13 $. Notre collecte s'annonce plutôt bien.

Comme dessert, ce soir, il y avait de la crème au chocolat! Cependant, je lui ai trouvé un goût bizarre.

– Maman, il n'y aurait pas du soya là-dedans, par hasard?

– Si, a-t-elle avoué.

Au moins, elle est honnête! Mais c'est plus fort qu'elle, elle ne peut pas s'empêcher de faire de nouvelles tentatives…

– Ton frère Alex est-il déjà rentré du Botswana ? a demandé maman à papa, comme pour **faire diversion**.
– Oui, hier soir, a répondu papa. On s'est parlé tout à l'heure au téléphone. Il est pressé de venir voir sa toute nouvelle petite nièce. Dimanche, ça te convient, Astrid ?
– C'est parfait, a dit maman. Mais assez tôt, parce qu'à partir de 5 heures du soir, on ne s'entend plus à cause des coliques.

Oncle Alex ! Ça a fait **TILT** dans ma tête !
– Je n'ai plus faim pour le dessert, ai-je décrété en me levant de table.

Je me suis précipitée
sur le téléphone.

– Bonsoir, oncle Alex ! Comment vas-tu ?

– Alice ! Quelle bonne surprise !

– C'était comment, le Botswana ? lui ai-je demandé.

– C'est un pays magnifique, juste au nord de l'Afrique du Sud. J'ai eu le privilège de passer deux semaines avec des Bochimans.

– C'est quoi, des Bochimans ? Ce sont des habitants du Botswana ?

– Oui, Alice m'a répondu mon oncle. Ils vivent dans le désert du Kalahari depuis des milliers d'années. J'ai vu aussi deux lions ! Je te montrerai mes photos.

Changeant de sujet, je lui ai dit :
– Tu sais qu'il y a eu un **tremblement de terre** en Turquie ?
– Oui, quelle catastrophe ! a-t-il répondu. Pauvres gens ! **L'épicentre du séisme** se trouve à moins de 100 km de l'endroit où j'ai séjourné au mois de mars…
– Justement, c'est pour ça que je t'appelais. Pour venir en aide aux **survivants**, ma meilleure amie et moi, on organise une **collecte de fonds** à l'école, ai-je expliqué. J'ai pensé que tu accepterais peut-être de participer.
– Tu peux compter sur moi, Alice ! Quand je viendrai vous dire bonjour

ce week-end, je te remettrai un billet. Écoute… Moi aussi, j'ai une idée.

– …

– Alice, je ne comprends plus ce que tu dis ! C'est quoi, cette **sirène d'alarme** ? Allô ?

– Attends un instant, oncle Alex ! ai-je crié dans le combiné.

J'ai couru dans ma chambre avec le téléphone.

– Voilà, tu m'entends maintenant ? **C'est l'heure des coliques de Zoé** ! Bon, qu'est-ce que tu disais ?

– Et si on organisait une exposition de mes photos de Turquie dans ton école ? a-t-il proposé. On ferait payer les visiteurs. Cela vous permettrait de recueillir davantage d'argent...

Je suis restée sans voix. Oncle Alex a demandé :

– Alice, tu es toujours là ?

– Oui, oncle Alex. C'est vrai, tu ferais ça ?

Je l'adore ! J'ai tout de suite appelé Marie-Ève. Elle aussi trouve cette idée *super hyper géniale* ! On voudrait déjà être lundi pour en parler à monsieur Rivet.

Ce soir, j'ai accompagné maman au supermarché. On faisait la file à la caisse quand je me suis rappelé que Caro nous avait demandé de racheter du ketchup. J'ai foncé à travers le magasin. Au rayon des condiments, je suis tombée sur Éléonore et son père. Elle m'a demandé ce que monsieur Gauthier avait à nous dire de *si important*, à Marie-Ève et à moi. Je l'ai mise au courant de notre collecte de fonds. Elle n'a pas fait preuve de beaucoup d'*enthousiasme*. Il faut dire que ce n'est pas elle qui en a eu l'idée… *Et qu'elle et Marie-Ève ne se supportent pas.*

Lundi 20 octobre

Marie-Ève m'attendait sur le tapis de feuilles jaunes et rouges au pied de notre érable. On a discuté de notre collecte. Puis je lui ai raconté que j'avais croisé Éléonore au supermarché.

– Évidemment, tu ne lui as rien dit ! a lancé mon amie.

– Ben si, ai-je répondu, étonnée.

– Quoi, tu l'as dit ? Nooon, Alice, je ne te crois pas.

– Oui, je lui en ai parlé. Il n'y a pas de quoi en faire un **DRAME**, tout de même !

– Mais c'est pas possible ! **A RUGI** Marie-Ève.

– Pourquoi ? Ça n'a rien d'un secret. D'ailleurs, toute l'école sera bientôt au courant !

– Si, justement, c'était un secret ! a-t-elle crié.

Elle était déchaînée.

Franchement, je trouvais qu'elle exagérait. D'autant plus que c'était moi qui, au départ, avais pensé à recueillir de l'argent pour venir en aide aux Turcs sinistrés!
– Je suis très déçue! a-t-elle ajouté, au bord de la crise de nerfs. **Tu as trahi ma confiance!**

Me tournant le dos, elle s'est mise à sangloter. Je n'avais encore jamais vu Marie-Ève dans un état pareil!

Gigi Foster s'est approchée:
– Qu'est-ce qui se passe? Vous vous disputez?

– Toi, ne te mêle surtout pas de ça ! **a aboyé** Marie-Ève, comme si elle allait la mordre.

– Les inséparables se chicanent…, a commenté Gigi Foster de sa voix moqueuse. **On se croirait dans un téléroman !**

Cette peste s'est éloignée. La cloche a sonné. Marie-Ève s'est précipitée vers l'escalier.

En classe, notre enseignant nous a accueillis avec une boîte de mouchoirs en papier à la main.

– Bonjour, les abis. J'ai un terrible rhube. J'ai un gros mal de TCHOUUU, euh, mal de tête. Je vous demanderai donc de bien écouter. Ainsi, je n'aurai pas à répéTCHOUUU TCHOUUU TCHOUUU, euh, répéter.

En attendant, moi, j'avais un tout autre sujet de préoccupation. J'étais consternée. Comment les choses avaient-elles pu déraper à ce point avec ma *best* ? Dire qu'en cinq ans, on ne s'était jamais disputées ! Pourtant, j'étais persuadée de ne rien avoir fait de mal. D'accord, j'avais parlé à Éléonore de notre projet de collecte de fonds. Mais comment aurais-je pu deviner que Marie-Ève voulait le garder secret ? D'autant plus que cette semaine, on allait solliciter l'aide des parents…

– Et alors AliTCHOUM, euh, Alice, tu rêves ? a dit monsieur Gauthier. Je viens de te demander le conditionnel présent du verbe finir.

– Euh… Je finis, tu finis, il finit…

– Non, Alice ! m'a interrompue notre enseignant. J'ai dit le conditionnel préTCHOUM, euh, le conditionnel présent et non l'indicatif présent. Tu étais encore une fois dans la TCHOUU TCHOUU, dans la lune ! Je me vois obligé de te mettre zéro.

Voilà que tout à coup, ce fichu conditionnel présent m'est revenu à l'esprit. J'ai dit :

– Monsieur, je m'en souviens maintenant, du conditionnel !

Mais monsieur Gauthier a répondu :

– Trop tard, Alice. Il fallait écoutTCHOUUU ! euh, écouter. Que ça te serve de leTCHOUM, de leçon !

ZÉRO ! Je n'en revenais pas ! Et de la part de monsieur Gauthier en plus ! Lui qui d'habitude est si compréhensif ! Jamais je ne l'aurais cru capable de distribuer des **zéros**. Même Jonathan n'en a encore jamais eu avec lui. Bon, je me doutais que c'était son gros rhume qui le rendait **IMPATIENT**. Mais quand on est malade, on se soigne à la maison !

Et ma meilleure amie qui était fâchée contre moi alors que je ne comprenais même pas pourquoi… D'ailleurs, ce zéro, je l'ai eu à cause de cette scrogneugneu de dispute. Il y a des jours où la vie est nulle !

Quand la cloche a sonné, Marie-Ève s'est ruée dehors. Il fallait absolument que j'éclaircisse le mystère de sa colère. De plus, on devait aller parler de la proposition d'oncle Alex à monsieur Rivet. Et il fallait aussi rédiger la lettre aux parents. Ce serait trop bête qu'un si beau projet tombe à l'eau… Et le plus bête de tout, ce serait de

perdre ma BFF ! D'ailleurs, où était-elle ?

J'ai fini par la retrouver sous l'escalier de la cour. Elle m'a crié :
– **Va-t'en !**

J'ai pris mon courage à deux mains.
– **Ta réaction est injuste !** lui ai-je lancé. Oui, j'ai parlé de la collecte à Éléonore. D'accord, je sais que tu ne l'aimes pas, cette fille, mais ce n'est pas une raison pour me traiter de la sorte !
– Tu lui as parlé de l'opération pour la Turquie ? m'a demandé Marie-Ève d'un air surpris.
– Oui ! Tu ne vas quand même pas continuer à me poser la même

question jusqu'à la fin des temps ?
Depuis ce matin, je te réponds oui.
Oui, oui, oui, c'est clair ?
– Oh, Alice ! Comme ça, tu ne lui as
rien dit ?

Là, je trouvais son attitude
CARRÉMENT bizarre.

Marie-Ève a poursuivi :
– Tu ne lui as pas parlé de Simon ?
– De Simon ?! Bien sûr que non !
Qu'est-ce que Simon a à voir
avec notre projet de collecte ?

Marie-Ève m'a entraînée
dans une ronde effrénée.
– Oh, je le savais, Alice, que
tu pouvais garder un secret !
Tu es toujours ma meilleure amie !

Soudain, ça a fait tilt. Elle et moi, on ne parlait tout simplement pas de la même chose… Elle avait cru que j'avais raconté à Éléonore qu'elle était amoureuse de Simon! *Non mais! Comme si j'étais capable de faire une chose pareille!*

Enfin, l'affaire est résolue. On s'est réconciliées. Monsieur Rivet a trouvé l'idée d'oncle Alex *formidable*. Il lui a téléphoné. L'exposition se tiendra jeudi soir dans la grande salle de l'école, celle où ont lieu les événements spéciaux comme les spectacles de fin d'année.

Marie-Ève a eu l'idée de faire une affiche pour accueillir les visiteurs à l'entrée. Nous la fabriquerons chez moi, mercredi soir, après l'école. Mon amie restera à coucher à la maison. Cool!

Mercredi 22 octobre

Notre fameuse affiche.

Solidarité avec la Turquie
Exposition de photos
d'Alex Aubry
à l'École des Érables
Le jeudi 23 octobre
de 19h00 à 21h00
Prix d'entrée : 5 $ par famille

JEUDI 23 OCTOBRE

APRÈS LE SOUPER, CAROLINE ET MOI, ON EST RETOURNÉES À L'ÉCOLE AVEC PAPA. PAS QUESTION D'EMMENER ZOÉ, AVEC SES COLIQUES. MAMAN EST RESTÉE AVEC ELLE À LA MAISON.
18 H 55. MARIE-ÈVE ET SA MÈRE SONT ARRIVÉES. ELLES SERVIRAIENT AUX VISITEURS DU CITROBULLES ET DES JUS DE FRUITS. MOI, J'ÉTAIS CHARGÉE DE VENDRE LES BILLETS À L'ENTRÉE.
19 H 15. TOUJOURS PERSONNE…
OH, MONSIEUR GAUTHIER ! VOUS ÊTES GUÉRI ?
PAS TOUT À FAIT ! MAIS JE NE VOULAIS PAS RATER L'EXPOSITION !

VOUS QUI ÊTES MAGICIEN, VOUS POURRIEZ PEUT-ÊTRE FAIRE APPARAÎTRE DES VISITEURS ?
JE PEUX TOUJOURS ESSAYER.
ABRACADABRA, SALLE D'EXPOSITION, TU TE REMPLIRAS !
SALUT, ALICE !
KARIM !
AFRICA EST ARRIVÉE AVEC SES PARENTS, SUIVIE DE PLEINS D'AUTRES ÉLÈVES AVEC LEUR FAMILLE ! MA CAISSE SE REMPLISSAIT ! IL Y AVAIT AUSSI TOUTES LES ENSEIGNANTES, SAUF CRUELLA.
À 20 H 00, MONSIEUR GAUTHIER M'A DIT QUE JE POUVAIS REJOINDRE MES AMIS. JE SUIS ALLÉE ME CHERCHER DU *CITROBULLES*.
IL FAUT QUE JE TE PARLE. VIENS AVEC MOI AUX TOILETTES.

SIMON VIENT DE ME FAIRE UN COMPLIMENT. IL M'A DIT…
TU ES TELLEMENT BELLE, MARIE-ÈVE ! JE N'AI JAMAIS VU DE FILLE AUSSI BELLE QUE TOI !
EH BIEN !!!
J'ÉTAIS HEUREUSE POUR MA *BEST*. D'AUTANT PLUS QU'ELLE ÉTAIT DÉÇUE QUE SON PÈRE NE SOIT PAS VENU À NOTRE SOIRÉE. IL S'ÉTAIT ENCORE DISPUTÉ AVEC SA MÈRE.
À LA FIN DE LA SOIRÉE, MA CAISSE CONTENAIT 395 $. MARIE-ÈVE ET SON ÉQUIPE AVAIENT VENDU POUR 283 $ DE BOISSONS. 678 $ AU TOTAL. QUEL SUCCÈS !

Lundi 27 octobre

Dernier jour de notre collecte.

Marie-Ève et moi, on est restées en classe à l'heure de la récré. Monsieur Gauthier nous avait demandé de compter l'argent recueilli par les 5ème B. Dans le couloir, soudain, TIC-TIC-TIC-TIC-TIC. Oh non !

– Alice Aubry et Marie-Ève Poirier-Letendre ! s'est écriée **Cruella** en nous apercevant. Que faites-vous ici ? Il est strictement interdit de rester en classe pendant la récréation ! Auriez-vous oublié l'article 17 du code de vie de l'école ?

– Non, madame, l'a rassurée Marie-Ève. Mais aujourd'hui,

c'est spécial. On fait les comptes de la collecte de fonds.

– Quelle collecte? *My goodness!*, d'où sort tout cet argent? Chez le directeur, immédiatement!

À mon tour, j'ai tenté de lui faire comprendre ce qu'on faisait.

– Monsieur Gauthier nous a permis...

Cruella m'a interrompue:

Elle a ramassé les billets et les pièces de monnaie et les a fourrés dans sa poche.

La porte du bureau du directeur était ouverte. Il s'est exclamé :
– Ah, voilà les héroïnes de l'école des Érables ! Bonjour, Alice et Marie-Ève ! Et bonjour, madame Fattal ! Mais… que se passe-t-il ?
– Pendant la récréation, j'ai surpris ces demoiselles en train de s'amuser en classe avec de l'argent ! a expliqué Cruella, **OUTRÉE**. Tenez, le voici !

D'un *geste théâtral*, elle a sorti les billets de sa poche.
– Il y a aussi des pièces, ai-je dit.

En me jetant un regard noir, **Cruella** a plongé sa main dans sa poche. Une poignée de dollars a résonné sur le bureau.

– Vous avez parfaitement raison, madame Fattal, a déclaré monsieur Rivet. Mais Marie-Ève et Alice avaient l'autorisation de rester en classe. Elles faisaient les comptes de leur collecte pour venir en aide aux victimes du tremblement de terre en Turquie. Je les attendais d'ailleurs d'une minute à l'autre avec l'argent et les formulaires remplis par les parents.

Cruella, bien sûr, fulminait.

– Dans ce cas, bonne journée, monsieur Rivet ! a-t-elle lancé en tournant les talons.

Mardi 28 octobre

À la *récréation*, la surveillante est venue nous dire que le directeur nous attendait à son bureau.

Dès que monsieur Rivet nous a aperçues, il nous a annoncé :

– Alice et Marie-Ève, votre collecte de fonds totalise **la somme impressionnante** de 2274,50 $! Pour faire un chiffre rond, j'ai le plaisir d'ajouter 25,50 $ de ma poche.

TOUTES MES FÉLICITATIONS !

Ensuite, il a signé un chèque de 2300 $ établi à l'ordre de la Croix-Rouge de la part de l'école des Érables.

Le cœur gonflé de bonheur et de fierté, Marie-Ève et moi, on est remontées en classe. Un galet vert lime m'attendait sur mon pupitre. Et sur celui de Marie-Ève trônait un galet de couleur lilas. Elle a dit :

– Merci, monsieur Gauthier, le coffre est plein !

Le regard de notre enseignant s'est allumé.

– Demain, les amis, vous bénéficierez d'un privilège très spécial !

Trop cool !

– Je n'en reviens pas comme Éléonore est jalouse ! a explosé Marie-Ève à la fin du cours. Tu aurais dû voir la tête qu'elle a faite parce que je recevais un galet. **Elle m'énerve, cette fille !**

– Les gens jaloux, c'est fatigant, ai-je reconnu. Écoute, laisse tomber. Pense plutôt au privilège qui nous attend demain ! Je suis sûre que c'est le *spectacle de magie*. Ça va être génial !

Mercredi 29 octobre

Dès qu'on a tous été installés derrière nos pupitres, monsieur Gauthier a demandé les yeux *brillants* de plaisir :

– Avez-vous hâte de connaître votre privilège ?
– Ouiiii ! a-t-on répondu en chœur.
– Cet après-midi, nous jouerons au basketball ! Je me suis arrangé avec madame Duval. Gare à vous, les amis, car que je suis très bon au basket !
– Cool ! se sont écriés Jonathan, Africa, Patrick, Eduardo et Karim.
– **NICE !** s'est enthousiasmée à son tour Gigi Foster.

J'étais atterrée ! Dire que c'était grâce à Marie-Ève et à moi qu'on avait droit à cette soi-disant récompense... Il s'agissait plutôt d'une punition !

Quand l'heure fatidique est arrivée, monsieur Gauthier a commencé par jouer avec mon équipe, et notre enseignante d'éducation physique avec l'équipe adverse.

Ensuite, ils ont changé. **GIGI FOSTER**, Jonathan et les autres s'en donnaient à cœur joie. Quant aux deux profs, ils étaient déchaînés.

Moi, comme d'habitude, j'essayais d'éviter le ballon. Tu parles d'un privilège !

VENDREDI 31 OCTOBRE
C'EST L'HALLOWEEN ! MARIE-ÈVE EST REVENUE AVEC MOI DE L'ÉCOLE. CAROLINE, JIMMY, SON AMOUREUX, ET LEUR AMIE JESSICA NOUS ACCOMPAGNAIENT AUSSI.
17 H 05. MARIE-ÈVE ET MOI, ON S'APPRÊTAIT À SORTIR…
IL ACCOMPAGNERA CARO ET SES AMIS. NOUS, ON FAIT LA TOURNÉE TOUTES SEULES !
ATTENDEZ PAPA, LES FILLES.
PAS AVANT LE SECONDAIRE.
J'AI DIT À MAMAN QU'ON FERAIT ATTENTION EN TRAVERSANT LES RUES ET QU'ON NE MANGERAIT PAS DE FRIANDISES SUSPECTES… MAIS MAMAN A REFUSÉ DE NOUS LAISSER PARTIR SEULES.
VOILÀ CE QUI ARRIVE QUAND ON A DES PETITES SŒURS ! MAMAN ME PREND ENCORE POUR UN BÉBÉ.
BONSOIR, MADAME BALDINI.
OH, VOS COSTUMES SONT TRÈS RÉUSSIS !!!

NOUS AVIONS DÉJÀ UNE FAMEUSE RÉCOLTE QUAND…
IL FAIT DE PLUS EN PLUS FROID. ON RENTRE.
KOF KOF
OH, PAPA, RETOURNE AVEC LES PETITS. MARIE-ÈVE ET MOI, ON VOUDRAIT CONTINUER ENCORE UN PEU.
ON N'EST PAS DES PETITS MAIS DES MOYENS.
D'ACCORD, LES filles. MAIS SOYEZ À LA MAISON POUR 19 H 30 !
COOL !!!
BOOUH !
HAAAA !!!
PÉTRIfiÉE, JE N'OSAIS PAS ME RETOURNER POUR REGARDER QUI C'ÉTAIT.

ET MARIE-ÈVE QUI S'EST ENFUIE !
GIGI FOSTER !
HA ! HA ! HA ! JE N'AI JAMAIS VU DE VAMPIRE AUSSI PEUREUX ! C'EST JUSTE MOI ET MON COUSIN !
FUYONS !
OH, TU ES LÀ ! ILS ONT DISPARU. OUF !
GIGI ! ?! ELLE EST COMPLÈTEMENT DINGUE ! J'AI FAILLI FAIRE UN ARRÊT CARDIAQUE !
IL PLEUT. ON RENTRE ?
CEUX QUI SE SONT AMUSÉS À NOUS FAIRE PEUR, C'ÉTAIT GIGI ET SON COUSIN !

UNE FOIS À LA MAISON, MARIE-ÈVE NE POUVAIT PAS RESTER COUCHER À CAUSE DE SON RENDEZ-VOUS CHEZ LE DENTISTE LE LENDEMAIN MATIN. SON PÈRE EST VENU LA CHERCHER. LE TÉLÉPHONE A SONNÉ. C'ÉTAIT CATHERINE PROVENCHER.
TU VEUX VENIR À LA MAISON ? ON EST DÉJÀ SEPT DE LA CLASSE. ON VA REGARDER UN FILM D'HORREUR EN MANGEANT DU POP-CORN.
J'AVAIS EU MA DOSE D'ÉPOUVANTE ! J'AI PRÉTEXTÉ UN DÉBUT DE GRIPPE POUR ÉCHAPPER À CE FILM. CE QUE JE VOULAIS PLUS QUE TOUT, C'ÉTAIT PRENDRE UN BON BAIN…
PUIS, ME GLISSER DANS MON LIT DOUILLET… ET T'ÉCRIRE, CHER JOURNAL !

Samedi 1er novembre

13 h 25 : Ce matin, j'ai bien cru que ma dernière heure était arrivée.

Mes parents étant partis faire des courses, je gardais mes sœurs.

Dehors, **la pluie cinglait les vitres**. Comme on était bien à la maison ! Zoé dormait et Caro regardait *Babe* au sous-sol. Étendue sur le sofa avec un album des *Zarchinuls*, je riais toute seule quand le téléphone a sonné.

C'était Marie-Ève.

– Bonjour, Alice ! Je sors de chez le dentiste. Je peux passer chez toi te montrer quelque chose ?

– Oui, bien sûr, ai-je répondu.

– Ma mère va me déposer avant d'aller au supermarché.

– Je t'attends !

J'ai couru ouvrir la porte. Mais au lieu de Marie-Ève, **C'ÉTAIT UN HOMME VÊTU DE NOIR.** Un large capuchon cachait en partie son visage. Il s'est engouffré à l'intérieur et a claqué la porte d'entrée derrière lui. **Horreur absolue !** Un voleur. Ou pire… **un tueur en série** !

Paniquée, j'ai reculé. M'enfuir dans ma chambre n'aurait servi à rien.

Il m'aurait rattrapée. J'ai bredouillé :

– Mais qu'est, qu'est, qu'est-ce que vous faites ?

– Je viens livrer du courrier urgent pour Marc Aubry, a-t-il répondu, sèchement. C'est bien ici qu'il habite ?

– Oui.

Il m'a tendu une enveloppe matelassée.

– Si je suis entré et que j'ai refermé la porte, mademoiselle, c'est à cause du **sale temps** qu'il fait dehors. Je ne voulais pas refroidir votre maison. Bon, signez ici.

Il est reparti en claquant la porte. J'ai immédiatement fermé celle-ci à clé.

La sonnette a retenti à nouveau. J'ai tressailli comme si j'avais reçu **une décharge électrique**. D'une voix chevrotante, j'ai demandé à travers la porte :

– Qui est làààà ?

– Mais c'est moi, Alice, a répondu Marie-Ève. Qui veux-tu que ce soit ?

Encore sous le choc, j'ai raconté à ma meilleure amie ce qui venait de se passer.

– À ta place, JE SERAIS MORTE DE PEUR ! a-t-elle affirmé.

– Mais j'étais morte de peur, ça, je peux te l'assurer !

– Regarde ! Ça va te changera les idées.

Elle m'a donné une feuille de magazine. J'ai lu le titre :

Un truc pour une chevelure de rêve

– C'est exactement ce dont j'ai besoin ! lui ai-je dit en retrouvant mon sourire.

– En feuilletant le nouveau *MégaStar*, je suis tombée sur cet article, m'a expliqué Marie-Ève. Le truc consiste à tremper ses cheveux dans la bière pendant dix minutes, avant de les laver. Tu veux qu'on essaie ?

– Pas maintenant, ai-je répondu. Mes parents vont rentrer. Je ne suis pas sûre qu'ils seraient d'accord.

Mais j'essaierai un autre jour, quand je serai seule.

Dimanche 2 novembre

Ce matin, mes cheveux étaient tout raplapla. Comme d'habitude, me diras-tu, cher journal. Mais grâce à Marie-Ève, j'étais bien décidée à contre-attaquer ! Mes parents et mes sœurs sont partis au parc après le déjeuner. Moi, j'ai glissé mon disque des **Tonic Boys** dans le lecteur du salon. En fredonnant *Forever and ever Forever my Love…* j'ai pris une bière dans le frigo.

La bouteille que j'essayais de décapsuler a atterri dans

un GRAND fracas sur le carrelage de la cuisine. Oh non ! Le sol était plein de bière mousseuse et d'éclats de verre…

Une fois la cuisine en ordre, j'ai réussi à ouvrir une autre bouteille de bière sans la casser. J'ai versé son contenu dans un saladier et j'y ai trempé mes cheveux. Brrr, c'était glacial ! J'ai décidé d'attendre ce soir pour me faire un shampooing. Comme ça, l'effet de la bière serait maximal. Quelques minutes plus tard, j'étais en train de me sécher la tête avec une serviette quand on a sonné à la porte. Et si l'homme au capuchon noir était revenu ? Et si, cette fois, ce n'était pas pour livrer du courrier ? **Pas question d'aller ouvrir !**

Le cœur battant, je suis montée dans la chambre de mes parents. Cachée derrière les stores, j'ai regardé par la fenêtre. Je ne parvenais pas à voir qui c'était. L'inconnu a encore sonné. L'**HALLOWEEN** ne se terminerait donc jamais ?

Quelqu'un a descendu les marches du perron. Madame Baldini !

Elle s'en retournait chez elle avec un plat couvert de papier d'aluminium. J'ai failli courir pour aller lui ouvrir quand je me suis souvenue que mes cheveux étaient imprégnés de bière… Dommage, elle nous apportait certainement des biscotti encore chauds.

L'effet a été maximal, cher journal, mais pas dans le sens où je l'avais imaginé !

– **Ça sent la bière ici !** s'est exclamé papa en entrant, sur le ton de l'ogre qui, dans *Le Petit Poucet,* rugit : « **Ça sent la chair fraîche !** » Alice, aurais-tu bu de la bière ?

– Bien sûr que non, papa ! ai-je répondu.

Avant que j'aie pu lui expliquer ce que j'avais fait de sa fameuse bière belge, il s'est écrié, d'un air dégoûté :

– Mais tu sens la bière, ma fille !

Désignant la bouteille vide sur le comptoir, **il a explosé** :

– Je t'ai prise sur le fait, Alice ! **Non seulement tu bois de l'alcool en cachette, mais en plus, tu mens !** File dans ta chambre ! Et va te coiffer !

– Mais, papa, j'avais besoin…

– **En haut, j'ai dit !**

Je me suis réfugiée dans ma chambre.

L'HEURE DES EXPLICATIONS !
Mon père, encore méfiant...
DE RÊVE !

Deux minutes plus tard, il a fait son apparition avec maman. Elle avait l'air très embêtée. Cette fois, j'ai enfin pu leur expliquer l'utilisation que j'avais faite de la bière. Comme preuve, je leur ai fait sentir mes cheveux. Puis, mon haleine, qui ne dégageait qu'une odeur de jus d'orange. Enfin, je leur ai tendu l'article **Un truc pour une chevelure de rêve**. Mon père a marmonné des excuses. Ma mère m'a envoyée sous la douche. Finalement, mes cheveux n'ont pas plus de volume qu'avant, mais ils sont plus brillants. *Alors, j'ai annoncé à mes parents que je recommencerai les bains de* bière. Papa a soupiré, en levant les yeux au ciel d'un air comique :

– Oh, les filles !

– Ne te plains pas, mon chéri, lui a dit maman en me faisant un clin d'œil. Avec toutes ces filles à la maison, tu es un homme gâté !

Se hissant sur la pointe des pieds, elle lui a donné un baiser sur la bouche !

Lundi 10 novembre

Ce matin, quand la cloche a sonné, ma meilleure amie n'était toujours pas là. On entrait en classe, quand elle est arrivée en courant. Elle avait les yeux rouges.

– Qu'est-ce qui se passe ?
ai-je demandé, inquiète.
– Je te raconterai à la récré.

Deux heures plus tard,
dans la cour, elle m'a annoncé :
– **Mes parents se séparent**.

Je suis restée sans voix.
– Oh ! ai-je fini par dire. Mais...
c'est terrible !
– Ils me l'ont appris hier soir.
C'est peut-être mieux ainsi, car
ils se chicanent sans arrêt. Ils m'ont
expliqué qu'ils ne s'aimaient plus
depuis longtemps.

Les yeux de mon amie étaient
pleins de larmes.
– Je suis vraiment désolée, ai-je dit.

À cet instant, un coup de vent glacial a détaché les dernières feuilles rouges de notre érable. Elles ont tourbillonné avant de tomber à nos pieds. Marie-Ève a frissonné. J'ai passé mon bras autour de ses épaules.

C'est une véritable épidémie, toutes ces séparations ! Dans notre classe, plusieurs élèves ne vivent plus avec leurs deux parents. Sans compter mes cousins belges Lulu et Quentin, qui passent une semaine chez leur maman (tante Maude) et l'autre chez leur père. Et mes parents qui se disputent parfois, eux aussi... Pourvu qu'ils n'attrapent pas le virus de la « séparatite » aiguë !

Mercredi 12 novembre

Ce matin, Marie-Ève pleurait sous l'érable.

– Tes parents se sont encore chicanés ? ai-je demandé.

– Non, a-t-elle répondu. Depuis qu'ils m'ont annoncé qu'ils allaient se séparer, ils s'évitent. Et quand ce n'est pas possible, ils font comme si de rien n'était. **Mais l'ambiance est vraiment glaciale.**

Mon amie s'est mouchée vigoureusement avant d'ajouter :

– Mon père a trouvé un nouveau travail à Ottawa. Il déménage là-bas dans une semaine. Je passerai une fin de semaine sur deux avec lui. **Ma vie**

a éclaté en morceaux, Alice.
Ce sera quoi, ma nouvelle vie ?
Une demi-vie chez ma mère et l'autre chez mon père ? Enfin, même pas la moitié ; 2/14 de vie, plutôt... Même si j'ai hâte de voir l'appartement que mon père a loué, je préférerais que tout ça ne soit qu'un **mauvais rêve** !

Mercredi 19 novembre

Je passe mes soirées avec Marie-Ève au téléphone. *Soutenir sa meilleure amie dans les épreuves difficiles, ça me semble la moindre des choses.* Ce matin, quand elle est arrivée à l'école, j'ai vu qu'elle avait encore pleuré.

– Il y a des caisses partout dans l'appartement, m'a-t-elle raconté. Mon père déménage demain. Tu t'imagines, Alice, il ne rentrera plus le soir…

En prononçant ces mots, elle a été secouée de sanglots.

Tout à coup, je me suis souvenue de ces photos de Marie-Ève et de moi qu'oncle Alex avaient prises pendant la soirée. Je me suis dit que ce serait super d'offrir une belle photo de nous deux à mon amie. Ça lui rappellerait qu'au moins, nous, on est inséparables. Un seul hic : oncle Alex est-il encore à Montréal ou bien se trouve-t-il à nouveau à l'autre bout du monde ?

En rentrant de l'école, je me suis précipitée sur le téléphone. Je suis tombée sur son répondeur: «Bonjour, vous êtes bien chez Alex Aubry. Je serai au Chili du 18 novembre au 23 décembre. Laissez-moi un message. Je vous contacterai dès mon retour.»

J'ai raccroché. Quelle malchance! Il est parti hier…

Il fallait que je trouve autre chose pour Marie-Ève. Comme ma tirelire était vide, j'ai demandé à maman de me prêter cinq dollars. Au dépanneur, un joli porte-clés en forme de **CHEVAL** a attiré mon attention. Mon amie adore les **CHEVAUX**! Il me restait assez d'argent pour m'acheter une tablette de **chocolat** à la menthe. Juste avant de passer à la caisse, j'ai eu une idée. Et j'ai changé mon **chocolat** préféré contre du chocolat blanc.

Ce soir, j'ai cherché le Chili sur ma carte du monde. J'ai fini par repérer ce pays, une longue bande verticale en Amérique du Sud, le long de l'océan Pacifique. Au moment où j'y plantais une punaise rouge, papa est arrivé dans notre chambre pour border Caroline. Puis, ça a été au tour de maman.

Elle est repartie en vitesse
parce que les coliques
de notre bébé chéri
ne s'arrangent pas du tout!

Dès qu'on s'est retrouvées seules, j'ai demandé à ma sœur :

– Quelle main tu veux ?

– La gauche ! a répondu Caro sans hésitation.

Je lui ai tendu le **chocolat**.

– C'est pour nous deux.

– Oh, Alice, du chocolat blanc, mon préféré ! *Merci ! Tu es gentille !*

Elle a poussé sa **collection de cochons** pour me faire une place près d'elle. Moi, j'ai éteint la lumière du plafond et allumé ma lampe de chevet. On a grignoté le **chocolat**, carré par carré. Caroline s'est endormie.

Je me suis installée à mon bureau pour te raconter ma journée.

Jeudi 20 novembre

Hier soir, j'étais en train de m'endormir quand une idée affreuse m'a tout à coup frappée. **BANG !** **Et si** la maman de Marie-Ève décidait de déménager dans un appartement plus petit et moins cher ? **Et si** ce nouveau logement était situé dans un autre quartier ? **Et si**, du coup, Marie-Ève était obligée de changer d'école ?

JE NE VEUX PAS PERDRE MA BFF !

Je n'ai pas parlé de mes craintes à Marie-Ève. Elle n'a peut-être encore jamais pensé à cette éventualité. Pas question de l'angoisser davantage ! Par contre, je lui ai offert le porte-clés que j'avais choisi pour elle.

– C'est pas grand-chose, lui ai-je expliqué. Mais je voulais que tu saches que toi et moi, on est amies pour la vie.
– Ça, j'en suis persuadée, et c'est précieux ! Un **grand** merci, Alice ! Ton **CHEVAL** sera mon porte-bonheur. Chaque fois que je le verrai, je me rappellerai que, quoi qu'il arrive, je ne suis pas seule. Ça fait du bien d'avoir une amie comme toi sur qui je peux toujours compter !

Plus tard, alors qu'elle venait d'entrer dans la classe, **Cruella** m'a lancé :

– Alors, Alice Aubry, on bâille ? Si tu comptais dormir pendant le cours d'anglais, ma fille, détrompe-toi ! Le contrôle va te réveiller.

Premièrement, je ne suis pas sa fille ! Deuxièmement, trop préoccupée par ce qui arrive à Marie-Ève, j'avais complètement oublié ce fichu contrôle ! Je n'avais pas revu le moindre verbe irrégulier.

J'ai répondu de mon mieux aux questions, c'est-à-dire la plupart du temps au hasard. Tant pis ! Pour le moment, l'anglais est le dernier de mes soucis ! Tout ce que j'espère, c'est que ma meilleure amie ne tombe pas malade.

Vendredi 21 novembre

Ce matin, sur le chemin de l'école, il a commencé à neiger. Les premiers flocons ! C'était tellement cool ! Ma sœur a couru la bouche ouverte pour les attraper.

– Et alors ? ai-je demandé à Marie-Ève en la rejoignant quelques minutes plus tard sous l'érable.

– Mon père est parti pour de bon. Mais en même temps, je ne le réalise pas encore. À part ses vêtements, ses disques, son saxophone et ses skis, il n'a rien emporté. Ma mère prétend que ça coûterait trop cher de transporter des meubles à Ottawa. Mais moi, je crois qu'il a laissé tout ça pour moi. Il voulait que l'appartement ait l'air comme d'habitude.

J'ai tenté de l'encourager en disant :

– C'est vraiment gentil de sa part.

À la récré, la cour d'école était déjà toute blanche. Simon est venu partager ses chips barbecue avec nous.

Mmmm, ce sont mes chips préférées ! Catherine Provencher est arrivée à son tour.

– Je peux en avoir, moi aussi ?

Simon lui a donné une poignée de chips avant de se retourner vers Marie-Ève.

– Comment ça va ? lui a-t-il demandé.

– Un peu mieux. Mais ce n’est pas facile.

– Je te comprends, a dit Simon. Mes parents ont divorcé l’an dernier. Au début, j’ai pensé que c’était la fin du monde. Puis, petit à petit, je me suis habitué à ma nouvelle vie. C’est bizarre mais, maintenant, mon père et ma mère s’entendent beaucoup mieux qu’avant. Je souhaite que tes parents deviennent eux aussi de bons amis.

– Ça m'étonnerait ! a répondu Marie-Ève. En tout cas, je te remercie, Simon. Tu es vraiment gentil de me réconforter.

Elle lui a fait un beau sourire, le premier depuis dix jours. Victoire ! Les flocons de neige tourbillonnaient joyeusement autour de nous.

– Simon, viens ! a appelé son ami Bohumil. On va faire une bataille de boules de neige avec Karim, Eduardo et les autres.

– J'arrive ! a crié Simon. Vous venez aussi, les filles ?

En un rien de temps, les équipes se sont formées. Jusqu'au moment où la cloche a sonné, la 5e B au grand complet a fait une de ces batailles mémorables de part et d'autre de notre érable.

Mercredi 26 novembre

Patrick a reçu un galet ce matin. Et Éléonore cet après-midi. Notre coffre aux trésors déborde à nouveau.

– Monsieur ! a dit Africa en levant la main.

– Oui ?

– Au début de l'année, vous nous aviez promis un spectacle

de magie. Chaque fois qu'on a droit à un privilège, j'espère très fort que vous allez enfin nous présenter vos tours...

Monsieur Gauthier a réfléchi un instant.

– Écoute, Africa, comme tu me le demandes si gentiment, c'est d'accord.

– Cooooool ! avons-nous tous crié en chœur.

Moi aussi, cher journal, j'ai hâte de voir notre prestidigitateur à l'œuvre !

Jeudi 27 novembre

– Bonjour, les amis, a dit monsieur Gauthier, coiffé d'un haut-de-forme,

en nous accueillant en classe.
Avez-vous envie d'assister à des tours extraordinaires ?
– Ouiiiiiii ! avons-nous répondu, surexcités.

D'une mallette, il a sorti une baguette noire et c'était parti !
Il y a eu :

* le Joker qu'il retrouvait toujours parmi les cartes qu'on mélangeait nous-mêmes,
* des allumettes qui s'enflammaient d'un coup de baguette,
* un foulard multicolore qui disparaissait et réapparaissait là où on s'y attendait le moins… dans notre coffre aux galets puis dans mon sac d'école.

Je n'en croyais pas mes yeux !
Africa, elle, semblait carrément **HYPNOTISÉE**. Même Jonathan était si captivé que, pour une fois, il restait tranquille.

Ensuite, monsieur Gauthier a sorti une longue corde de sa mallette.
– J'ai besoin d'un volontaire, a-t-il annoncé.

Jonathan, jamais immobile très longtemps, a bondi devant lui.
– Assieds-toi sur ma chaise, lui a demandé le magicien.
Puis, il l'a attaché solidement avec la corde.
– Qui veut défaire le nœud ?

Africa, Eduardo et Gigi Foster ont eu beau essayer, ils ont finalement dû renoncer.
À ce moment, la porte de la classe s'est ouverte. **CRUELLA !** Il était 9 h 30, l'heure du cours d'anglais !

Interloquée, elle s'est adressée à monsieur Gauthier :
– Qu'est-ce que c'est que cet accoutrement, monsieur ? Vous vous croyez au cirque ?
– Je fais de la *magie*, a répondu notre enseignant. Mes élèves avaient mérité une pause.

– De si bon matin ! On aura tout vu !

Moi, j'aurais voulu que, d'un coup de baguette, monsieur Gauthier la fasse disparaître à tout jamais !

Cruella a levé le nez et a humé l'air.

– Ma parole, ça sent la fumée ! a-t-elle constaté.

Elle est entrée dans la classe en contournant monsieur Gauthier. C'est alors qu'elle a aperçu Jonathan ligoté sur la chaise… Puis, la boîte d'allumettes sur le bureau du prof… SCANDALISÉE, elle a tourné les talons. Notre enseignant l'a suivie dans le couloir. On l'entendait qui tentait de lui expliquer la situation, en vain.

Quand monsieur Gauthier est réapparu, le prisonnier l'a supplié d'un **air comique** :

– Dépêchez-vous de me délivrer, m'sieur ! Je dois aller faire pipi.

On a éclaté de rire !

– Puisqu'il y a une urgence, je vais utiliser les grands moyens, a déclaré notre enseignant.

Touchant la corde de sa baguette, il a fermé les yeux.

– Marie-Ève, tu viens libérer Jonathan ? lui a-t-il demandé.

Sceptique, mon amie s'est approchée. Elle a tiré sur le bout de la corde… qui s'est défaite comme par *magie*. On a tous applaudi très fort. Sauf Jonathan, qui a filé aux toilettes.

– Et maintenant, je cède la place à madame Fattal, a déclaré notre magicien en la voyant arriver, suivie par monsieur Rivet.

– Bonjour, monsieur Gauthier, a dit notre directeur. Madame Fattal se plaint que vous l'empêchiez de donner son cours. Elle m'a aussi expliqué qu'il se passe de drôles de choses dans votre classe.

Notre enseignant a commencé par dire qu'il était sincèrement désolé d'avoir empiété de quelques minutes sur le cours d'anglais. Puis, il a parlé au directeur de nos privilèges et de l'heure magique qu'on venait de passer ensemble.

– Dans le *feu de l'action*, j'ai tout simplement oublié l'heure, a-t-il avoué.

– Ah, je comprends ! a répondu monsieur Rivet, visiblement soulagé. Vos élèves ont bien de la chance, monsieur Gauthier ! D'ailleurs, je constate que leurs notes sont en hausse. Alors, continuez comme ça, les 5e B !

Furieuse, **CRUELLA** s'est empressée de distribuer les contrôles. J'ai eu 3/10… Comme tu peux te l'imaginer, cher journal, mes parents n'étaient pas très contents ! Papa a exigé que j'apprenne les verbes irréguliers par cœur. Il m'interrogera dimanche. *Joyeux programme en perspective...*

Dimanche 7 décembre

Je n'arrête pas de penser à Marie-Ève. C'est le premier week-end qu'elle passe chez son père. 19 h 37. Il y a dix minutes, je l'ai appelée. Elle devait sans doute être revenue chez sa mère à Laval.

– Salut, Marie-Ève ! Ça s'est bien passé ? Et l'appartement de ton père, il est comment ? Et ta chambre ?

– Oh ! bonsoir, Alice ! Je vais tout te raconter. Vendredi, ma mère est venue me chercher au service de garde. Dans l'auto, il y avait ma petite valise. J'y avais attaché ton porte-bonheur pour me donner du courage. Mes parents s'étaient donné rendez-vous à 18 h 30, à mi-chemin entre Montréal et Ottawa. Je ne me rappelle plus le nom du village, Saint-Machin-Chose… Enfin, peu importe, on s'est retrouvés dans le stationnement d'un petit centre commercial. J'avais l'impression que ça faisait une éternité que je n'avais pas vu mon père. Quand il m'a serrée dans ses bras, j'ai dû faire un gros effort pour ne pas éclater en sanglots. Heureusement, il n'a pas dit une seule fois du mal de ma mère de toute la fin de la semaine. Parce que ça, **je ne l'aurais pas supporté**. Son appartement est vraiment petit. Moi, je dors sur le futon du salon. Ce soir, ma mère était à l'heure au rendez-vous, à Saint-Machin-Chose. Mais quand même… passer ma vie avec ma valise entre deux villes et deux appartements, je ne sais pas si je m'y habituerai…

Lundi 15 décembre

– La fin de l'année approche, a déclaré monsieur Gauthier en nous accueillant ce matin. Mardi prochain, les amis, c'est déjà le dernier jour d'école avant les **vacances de Noël**. Pour l'occasion, j'aimerais organiser une **fête** tropicale avec vous. Vous vous habillerez avec des vêtements d'été sous votre habit de neige. D'accord? Et avez-vous envie qu'on fasse un échange de cadeaux?

– Ouiiii! Ouiiii!

– Parfait. Dans ce cas, ils doivent être fabriqués par vous ou coûter moins de cinq dollars.

Il a pris le petit sac rouge qui contenait nos noms et l'a tendu à Gigi Foster en lui disant:

– C'est toi qui commences. Prends un carton. Le nom que tu liras sera celui de l'élève à qui tu offriras un cadeau. Bien entendu, ça doit rester un secret.

– Et vous monsieur, a demandé Jade, vous participez à l'échange de cadeaux ?

– Je n'y avais pas pensé, a-t-il répondu. Mais oui, pourquoi pas ? Allez, j'ajoute mon nom dans le sac.

– J'ai pigé mon nom, a annoncé Gigi Foster d'un air dépité.

Patrick a pouffé de rire.

– Tu emballeras ton propre cadeau et tu te le donneras à toi-même ! lui a-t-il lancé.

– N'écoute pas ce farceur, Gigi, a répondu monsieur Gauthier. Prends tout simplement un autre nom et remets le tien dans le sac.

J'espérais que **CETTE FILLE** ne tomberait pas sur mon nom. Ni moi sur le sien, d'ailleurs. Quand mon tour est arrivé, j'ai plongé ma main dans le sac et j'ai lu... *Julien Gauthier.* Cool !

– Tu en as de la chance ! a répondu Marie-Ève quand je lui ai appris que j'étais celle qui offrirait un présent à notre enseignant. Moi, c'est à Bohumil Topolanek que je dois faire une surprise. Je ne sais vraiment pas quoi lui donner.

– J'ai une idée ! ai-je déclaré. Un cahier de Sudoku.

– Tu penses qu'il aime le Sudoku ?

– Les chiffres le passionnent, alors à mon avis, ça va vraiment lui plaire !
– Tu as raison, Alice ! Et je choisirai un cahier de niveau expert, sinon ce sera beaucoup trop facile pour lui.

Maman, à qui j'ai parlé de mon cadeau pour monsieur Gauthier, m'a suggéré de lui acheter un livre. Pas question ! Elle, elle offre toujours des livres. Mais moi, je veux trouver quelque chose de plus original !

Mardi 16 décembre

Depuis hier, Caroline se plaint d'avoir mal au dos quand elle avale. Maman pensait que c'était un PRÉTEXTE pour ne pas manger sa viande et ses brocolis. En effet, la bouteille de ketchup était vide… Mais ce matin, ma sœur n'a presque rien mangé non plus. Alors maman l'a emmenée chez docteure Séguin. Celle-ci a expliqué que le bas de la gorge est voisin du haut du dos. Le mal de dos de ma sœur peut donc tout simplement être causé par une infection à la gorge.

La médecin a fait un test pour vérifier s'il y a des microbes. Sa secrétaire communiquera les résultats demain. En attendant, ma sœur est anormalement tranquille. À 19 heures, elle dormait déjà au milieu de ses cochons.

Mercredi 17 décembre

Le problème de mon *cadeau* à monsieur Gauthier n'est toujours pas résolu. Celui de la maladie de ma sœur non plus d'ailleurs. En rentrant de l'école, je l'ai trouvée sagement assise sur son lit, en train de lire. La secrétaire de docteure Séguin avait téléphoné : le test était négatif. Caroline n'a donc rien à la gorge.

Pour l'encourager, je lui ai dit :

– C'est déjà une bonne nouvelle. Mais, qu'est-ce que tu as alors ?

– Si je te le dis, tu me jures que tu ne le répéteras à personne ? a-t-elle chuchoté.

– Comment ça ? Tu sais ce qui ne va pas ?

– Oui, a-t-elle répondu en me regardant droit dans les yeux. Sauf que si tu en parles, je ne te ferai plus jamais confiance ! **JAMAIS !**

Bon, au moins, je retrouvais ma vraie sœur !

– Mais qu'est-ce qui se passe, Caro ? l'ai-je questionnée, vaguement **impatiente**. Tu ne fais tout de même pas la grève de la faim ?

Avec ma sœur,
il faut s'attendre à tout.

– Jure-moi d'abord que tu ne diras rien ! a-t-elle répété.

– Même pas aux parents ?
– Surtout pas à eux !
– Pourquoi tu ne leur en parles pas si c'est sérieux ?
– Parce que. Et puis, tu commences à m'énerver avec tes questions !

Si je continuais à l'interroger, elle risquait de ne plus se confier à moi. Résignée, j'ai dit solennellement :
– OK, je jure de ne rien dire !
– Voilà, j'ai avalé un papillon, a avoué ma sœur.
Éberluée, je l'ai dévisagée.

– Un papillon ?! En **hiver** ?
Mais ce n'est plus la saison des pap…

– T’es bête, pas un vrai!
m’a interrompue Caroline comme si ça allait de soi. Un papillon en métal.

– Comment ça, un papillon en métal? Où l’as-tu trouvé? Et d’abord, quelle idée de l’aval…

Ma sœur n’a pas pu m’en dire davantage, car papa nous a appelées.

– À table, les filles!

Même si maman avait racheté une grande bouteille de ketchup, Caroline n’a pas voulu manger de pâté chinois, un des seuls plats qu’elle aime, pourtant. Elle n’a accepté qu’une toute petite boule de **crème glacée**. Je voyais bien qu’avaler lui demandait un effort suprême. *J'avais tellement hâte de me retrouver à nouveau seule avec elle !* Après le souper, papa m'a aidée à résoudre des problèmes de **maths hyper compliqués**. Quand j'ai eu terminé mes devoirs, Caro, elle, se trouvait dans son bain… Bref, je bouillais d'impatience. J'ai commencé à écrire dans mon journal. Mes parents sont venus dire bonne nuit à ma sœur. Et puis, enfin, je l'ai rejointe dans son lit.

– Tes **COCHONS** prennent toute la place. Tu m'en fais une petite ?

Et là, Caroline m'a tout raconté :

– Lundi, pendant la récré, j'ai aperçu quelque chose qui brillait de l'autre côté de la grille de la cour. C'était un pendentif argenté en forme de papillon. Il était très beau. Je me suis penchée, j'ai passé ma main sous la grille et je l'ai ramassé. Au moment où j'allais le glisser dans la poche de mon manteau, je me suis rappelé qu'elle était percée. Alors, pour ne pas perdre le bijou, je l'ai mis dans ma bouche…

– Dans ta bouche ! n'ai-je pu m'empêcher de m'exclamer en grimaçant. BEURK !

Ma sœur m'a menacée :

– Si tu m'interromps encore une fois, j'arrête.

– Bon, d'accord, ai-je soupiré. Continue !

– Mais quand j'ai avalé ma salive, le papillon est descendu avec.

QUOI ?! Ça faisait deux jours et demi qu'elle avait un objet en métal coincé dans la gorge !

– C'est très grave ! ai-je déclaré. Il faut absolument en parler à papa et maman !

– Pas question ! a-t-elle rétorqué d'un air de défi. Tu m'as promis !

Quelle tête de mule ! Je lui ai tenu la main jusqu'à ce qu'elle s'endorme. Ma sœur, elle est du style BING BANG BOUM et, en plus, je la trouve souvent envahissante. Mais ce soir, je réalise combien je tiens à elle. *Cher journal, je me sens mal avec ce secret. Très mal, même. Je ne sais pas ce que je dois faire.*

Jeudi 18 décembre

Marie-Ève et moi, on est arrivées en même temps à la grille de l'école.

– Alice, si jamais tu ne sais toujours pas quoi offrir à monsieur Gauthier, j'ai pensé à quelque chose ! s'est-elle exclamée.

Il faut avouer qu'avec les problèmes de Caroline, cette histoire de cadeau m'était complètement sortie de la tête…

– Hein, quoi ? ai-je demandé.

Marie-Ève a extrait le nouveau *MégaStar* de son sac d'école. Elle l'a ouvert et m'a mis la page 108 devant les yeux.

– Regarde !

J'ai lu le titre de l'article :

– *Lola Falbala, la découverte de l'année !*

– Non, s'est impatientée Marie-Ève. Pas le reportage sur cette chanteuse inconnue, l'autre page !

J'ai lu, en grosses lettres :

OFFREZ UN TEE-SHIRT PERSONNALISÉ

Il s'agissait d'une publicité.

– On choisit la couleur du tee-shirt, la taille et le texte qu'on veut y faire imprimer, a expliqué Marie-Ève. Ensuite, on commande par téléphone. Livraison gratuite en deux jours. Tu pourrais faire inscrire un truc super dessus.

– Bonne idée, ai-je dit d'un ton mécanique.
– Tu n'as vraiment pas l'air en forme, Alice, a constaté mon amie. Tu es malade ?
– Moi non, mais Caroline oui, ai-je répondu, le ♥ serré.

La cloche a sonné. J'aurais tant voulu me confier à ma meilleure amie !

Je n'aurais jamais dû promettre à ma sœur de garder son secret.
En me dirigeant vers l'escalier, j'avais l'impression de peser une tonne.

Cet après-midi, j'ai montré la publicité à maman. Elle est d'accord pour le tee-shirt.

– Pour la taille, je pense prendre du XXXL. Tu crois que ce sera assez **grand** ? lui ai-je demandé.

Maman m'a regardée avec un air ahuri. Elle ne pouvait pas comprendre, car elle n'avait jamais vu mon enseignant !

– Tu plaisantes, Alice ? C'est gigantesque ! s'est-elle exclamée.

– Alors, c'est exactement ce qu'il faut pour monsieur Gauthier ! ai-je conclu, rassurée.

J'ai donc commandé le tee-shirt en bleu ciel. Sur le devant, j'ai fait inscrire : 100 % cool ! Bon, voilà un problème de résolu. Mais le problème n° 2, lui, reste entier.

Vendredi 19 décembre

Ce matin, au petit déjeuner, Caro n'a encore mangé qu'un peu de **crème glacée**. Je n'ai presque rien avalé moi non plus. Ce qui n'a pas manqué d'alerter maman.

– J'espère que tu n'as pas attrapé le mal mystérieux de ta sœur !

Je suis malade, oui. Malade de me sentir tiraillée entre la certitude que je devrais tout raconter à mes parents et le fait que Caro m'oblige à me taire. *J'en ai des crampes au ventre.* Au souper, papa a déclaré :

– Écoute, Astrid, ça ne peut plus durer ! Je pensais qu'une maladie allait se déclarer et qu'on se retrouverait avec des filles brûlantes de fièvre ou couvertes de boutons. Mais la situation n'évolue pas. Je les emmène à l'urgence.

À l'hôpital, on était assis tous les trois à côté d'un sapin de Noël, parmi des tas d'enfants qui toussaient. Les guirlandes lumineuses qui clignotaient me donnaient mal à la tête. Quand notre tour est enfin arrivé, papa a résumé la situation au médecin. Celui-ci a ensuite questionné Caro. Il lui a demandé si elle avait avalé quelque chose. Ma sœur a fait non de la tête.

« Oh, si au moins elle disait la vérité, on pourrait la soigner... », ai-je pensé en regardant le visage obstiné de ma sœur.

Le médecin a examiné Caroline. Puis, il a dit :

– Bizarre ! Pourtant, il doit y avoir un blocage à un endroit bien précis du système digestif. Je veux en avoir le cœur net. J'envoie votre fille passer une radiographie.

Puis, il m'a examinée à mon tour. Il m'a fait tirer la langue. « Aaaah… » Après avoir écouté mon cœur à l'aide de son stéthoscope, il s'est tourné vers papa :

– Jusqu'à preuve du contraire, il ne s'agit pas d'une maladie contagieuse. Je pense que votre aînée est inquiète parce que sa petite sœur ne va pas bien.

On s'est retrouvés au premier étage. La salle d'attente était vide. Un monsieur s'est présenté :

– Bonjour, je suis le technologue en radiologie. Caroline, tu viens avec moi ? On va faire les radios dans le local à côté pour voir l'intérieur de ton corps.

Papa et moi, on est restés seuls. La mort dans l'âme, je m'apprêtais à tout lui dévoiler et à trahir ma sœur. Mais juste à cet instant, on a entendu la voix du technologue derrière la cloison. J'ai tendu l'oreille. Il expliquait à ma sœur ce qu'il était en train de faire.

Puis, il a raconté :

– Tu sais, Caroline, quand j'étais petit, je mettais toutes sortes de choses dans ma bouche. Parfois, je les avalais sans faire exprès. Ça t'est déjà arrivé, à toi ?

Je retenais mon souffle. Au bout d'**interminables** secondes, Caro a fini par répondre :

– Oui.

– Ah, ça t'est arrivé à toi aussi ! a poursuivi le technologue. Moi, un jour, j'ai avalé une pièce de 25 sous. Et toi, qu'est-ce que tu as avalé ?

– Un bijou.

Papa, qui avait entendu lui aussi, m'a regardée, **stupéfait**.

– Et ça s’est passé quand ?

– Lundi, a répondu Caro.

Papa m’a secoué le bras :

– Ta sœur, elle a avalé quelque chose !

– Oui, ai-je dit en baissant la tête.

– Comment ça, Alice ! Tu étais au courant ? a fait papa, les yeux écarquillés.

Alors là, je n’en pouvais plus ! **J’ai éclaté en sanglots.** Peu après, le technologue nous a appelés. Il nous a montré la radiographie sur l’écran de l’ordinateur. À travers mes larmes, j’ai distingué un **grand papillon** coincé dans une espèce de tuyau vertical.

– Regardez monsieur, l'œsophage de votre fille est bloqué par un bijou qu'elle a avalé, a expliqué le technologue. Attendez-moi ici, s'il vous plaît. Je vais chercher un médecin.

Papa a demandé à Caroline :

– Pourquoi tu ne nous as rien dit ?

– Je sais bien qu'il ne faut pas mettre des objets dans la bouche, a répondu ma sœur en haussant les épaules. J'avais pas envie de passer pour un bébé.

– Mais d'où vient ce pendentif, et pourquoi l'as-tu mis dans ta bouche, justement ? Tu n'as plus l'âge de Zoé tout de même !

Caroline a baissé la tête et elle a raconté à papa ce qu'elle m'avait confié il y a deux jours.

Le technologue est revenu avec un médecin. Celui-ci a observé attentivement la radiographie. Puis, il s'est adressé à papa.
– Votre fille doit bouger le moins possible. Si ce papillon se déplace et descend dans les intestins, il risque de les perforer. Cela pourrait mettre sa vie en danger. Nous allons garder Caroline à l'hôpital. Je vais l'opérer demain matin à la première heure.

Il a observé une nouvelle fois **la radiographie** d'un air pensif.

Comme s'il se parlait à lui-même, il a ajouté :
– Comment va-t-on faire pour enlever ça ?

Après un temps de réflexion, il a expliqué :
– Il s'agit d'un objet dur avec des bouts pointus. Voici les deux scénarios possibles. Je réussis à sortir le bijou par la bouche en égratignant l'œsophage au passage. Il est alors probable que Caroline parlera avec une voix grave pendant quelque temps. Mais c'est un inconvénient mineur, et je vais tout tenter pour que cette solution-là fonctionne. Mais si ce papillon est réellement

bloqué dans l'œsophage, je serai alors obligé de pratiquer une intervention plus lourde pour aller le chercher.

– C'est-à-dire ? a demandé papa.

– Je vais devoir ouvrir l'œsophage, a précisé le médecin.

Papa était **atterré**. Il est allé téléphoner à maman.

Ma sœur ne pleurait pas. Impassible, elle regardait droit devant elle. Je n'ai pas osé la serrer contre moi. J'avais bien trop PEUR que ce papillon maléfique se déplace dans son corps ! Alors j'ai pris sa main dans la mienne et je lui ai murmuré à l'oreille :

– *Je t'aime, Caro. Courage !*

Elle a planté ses yeux dans les miens et elle m'a dit:
– Merci, Alice. Tu sais, t'es une vraie sœur. Tu n'as rien dit à personne. Et ça, je ne l'oublierai jamais.

Ça m'a fendu le cœur. Mes larmes ont recommencé à couler.
Une infirmière est arrivée avec une civière. Papa, qui était revenu, a couché ma sœur dessus avec d'infinies précautions.
– Je vais reconduire Alice à la maison et je reviens tout de suite, mon chaton, lui a-t-il dit.

Dans l'auto, j'ai demandé à papa:
– Ouvrir l'œsophage, ça veut dire le couper?

– Oui, et ça doit être une opération délicate.

Horreur absolue! On allait peut-être faire ça à ma sœur!

En arrivant à la maison, j'ai eu une idée. Pendant que mes parents discutaient dans l'entrée, je suis allée chercher Nouf-Nouf dans la chambre.

– Tiens, papa, ça aidera Caroline à s'endormir, lui ai-je dit, en lui tendant le cochon en peluche.

Et il a filé à l'hôpital.

Maman est allée coucher Zoé. Quand elle est redescendue, je me suis jetée dans ses bras. J'ai pleuré, pleuré. De peur, mais aussi de soulagement, car je ne devais plus porter ce terrible secret. On allait enfin pouvoir faire quelque chose pour sauver ma sœur !

Maman a éteint toutes les lampes sauf le petit abat-jour du salon. Elle s'est assise sur le sofa. J'ai posé ma tête sur ses genoux. Pendant qu'elle me caressait les cheveux, je lui ai raconté ce que j'avais vécu depuis mercredi soir.

– Les secrets entre sœurs, c'est formidable ! a convenu maman qui a une sœur elle aussi. Mais une prochaine fois, Alice, si l'une de vous deux a des **ennuis**, promesse ou pas, il faut absolument nous en parler !

Plus tard, elle est venue me souhaiter une bonne nuit.

– Pourvu que le chirurgien réussisse ! me suis-je exclamée avec ferveur. Je voudrais tant qu'il ne doive pas opérer l'œsophage de Caroline !

– Espérons-le, Alice ! a dit maman. Mais je suis confiante. Ta sœur se trouve en bonnes mains. On va penser très fort à elle pour que tout se passe pour le mieux. Maintenant, il faut dormir, ma biquette.

Samedi 20 décembre

J'ai dormi d'un **sommeil de plomb**.

À 7 heures, maman a eu toutes les difficultés du monde à me réveiller. Elle partait pour l'hôpital et me demandait de garder Zoé.

– Madame Baldini est chez elle, m'a-t-elle dit. Ce matin, elle prévoit de cuisiner des biscotti pour Noël. Mais si quelque chose ne va pas, tu n'hésites pas à l'appeler. Elle arrivera tout de suite.

Zoé était toute *mignonne* ! Elle saisissait son hochet et me faisait des sourires irrésistibles. Mais, en jouant avec elle, j'avais le cœur serré en pensant à Caro. D'autant plus que maman ne revenait pas… À 9 h 30, **j'étais morte d'inquiétude** !

Dix minutes plus tard, papa a appelé.

– Tout a bien été ! m'a-t-il annoncé avec soulagement. Le scénario numéro 1 a fonctionné.

Dimanche 21 décembre

Vers 10 h, la porte d'entrée s'est ouverte. Caroline a bondi dans mes bras.

– **Merci pour Nouf-Nouf!** s'est-elle écriée d'une voix anormalement grave.

– Oh, Caro ! Je suis tellement contente que tu sois guérie !

– J'ai très hâte de ravoir mon papillon, m'a-t-elle expliqué. Ce sera mon porte-bonheur ! Dès que je me suis réveillée de l'anesthésie, je l'ai réclamé. Mais le médecin n'a pas voulu me le donner tout de suite. Il l'a envoyé au laboratoire. Ils doivent d'abord faire des analyses pour vérifier s'il n'y a pas de vilains microbes dessus. L'infirmière m'a promis qu'ensuite, je pourrai le récupérer. On me l'enverra dans une enveloppe.

Quoi ?! Ce pendentif a failli la tuer, et elle veut en faire son porte-bonheur...

Ma sœur m'étonnera toujours !

Lundi 22 décembre

J'ai tout raconté à ma *best*. Elle m'a reproché gentiment :

– Tu aurais dû me le dire, Alice ! Ça sert à quoi, une amie, sinon ?

Elle a raison... Mais au moins, quel soulagement de pouvoir parler maintenant. J'ai l'impression d'être délivrée d'un **mauvais sort**.

Cet après-midi, en revenant de l'école, j'étais en train de retirer mes bottes dans l'entrée quand j'ai entendu Caroline énumérer :

– Naf-Naf, Nif-Nif et Nouf-Nouf, ce sont des frères. Des triplés, en fait. Mais pas des triplés identiques parce qu'ils ne se ressemblent pas beaucoup. Le **cochon** tout rond, lui, il s'appelle Tire-Bouchon. Maman a déjà recousu sa queue. Celle qui a de **grands** yeux bleus avec de longs cils, c'est une truie. Son nom est Betty. Et voilà Cochonnet ! Regarde comme il est *mignon* ! Tiens, je te le prête.

Intriguée, je suis entrée dans le salon. Caroline était assise sur le tapis au milieu de ses cochons en peluche. Couchée près d'elle, Zoé se tortillait de plaisir. Du sofa, Grand-Cœur les observait d'un œil bienveillant.

– C'est super, vous avez l'air de bien vous amuser ! ai-je constaté.

– Oui ! a répondu Caro avec un **grand** sourire. Avant, je pensais que notre bébé ne m'aimait pas. Elle souriait à tout le monde sauf à moi. Mais hier, quand elle m'a vue, elle m'a reconnue ! Maintenant, on dirait que j'existe aussi pour elle. Hein, Zouzou ?

Saisissant notre bébé d'amour dans ses bras, elle s'est mise à danser avec elle en chantant de sa voix grave : *« Qui a peur du Grand Méchant Loup ? C'est pas nous, c'est pas nous ! »*

Mon chat est descendu du sofa et a filé. Zoé, elle, riait aux éclats. Bon, je crois qu'elle a fini par apprivoiser la plus jeune de ses grandes sœurs !

Dans ma chambre, un paquet m'attendait. Le tee-shirt pour mon enseignant ! Il est arrivé juste à temps. En effet, c'est déjà demain, notre fête tropicale en classe. Et dire que dans trois jours, c'est Noël ! Mais le plus beau cadeau, je l'ai déjà reçu ! Ma sœur est revenue saine et sauve de l'hôpital !

MARDI 23 DÉCEMBRE
MA MÈRE N'A PAS REMARQUÉ MA MINIJUPE ! GRÂCE À MON HABIT DE NEIGE !
HI ! HI !
J'AI PRIS UNE FLEUR D'HIBISCUS, À LA MAISON !
WOW !
ON SE CROIRAIT DANS *PIRATES DES CARAÏBES* !
ÇA TE VA SUPER BIEN CE QUE TU PORTES, ALICE !
ON A DANSÉ SUR DE LA MUSIQUE SUD-AMÉRICAINE, SOUS UNE PLUIE DE CONFETTIS.
AFRICA, TU EN AS PLEIN LES CHEVEUX !

DRRIIIINNNG !
QUI A ENVIE DE RESTER ICI PENDANT LA RÉCRÉATION ?
UNE FORÊT DE BRAS S'EST LEVÉE. EN EFFET, ENTRE SE GELER LE BOUT DU NEZ PAR – 15 DEGRÉS OU DANSER SUR UN RYTHME BRÉSILIEN, LE CHOIX ÉTAIT FACILE !
PAR LA PORTE QUE MONSIEUR GAUTHIER AVAIT OUVERTE POUR LAISSER RENTRER DE L'AIR, ON VOYAIT LES 5e A, FRIGORIFIÉS, DE RETOUR DE LA RÉCRÉATION. ILS NOUS OBSERVAIENT AVEC ENVIE.
LES CHANCEUX !
MONSIEUR GAUTHIER !
VAMOS A LA PLAYA. OH-O-O-O-OH !
MONSIEUR GAUTHIEEER !

JE CONNAIS LES RÈGLEMENTS. J'AI VOULU OFFRIR UNE MATINÉE DE DÉTENTE BIEN MÉRITÉE À MES ÉLÈVES.
IL EST INTERDIT DE RESTER EN CLASSE PENDANT LA RÉCRÉATION !
DEPUIS CE MATIN, JE TENTE D'APPRENDRE AUX ÉLÈVES UN POÈME EN ANGLAIS. IMPOSSIBLE DE SE CONCENTRER AVEC VOTRE BROUHAHA !
JE SUIS DÉSOLÉ, J'INVITE LA 5E A À SE JOINDRE À NOUS.
HORS DE QUESTION. JE TIENS AUX TRADITIONS, MOI, MONSIEUR !
OUI ! ON ARRIVE !
QUI DÉSIRE ÉTUDIER LA TROISIÈME STROPHE DU POÈME ?
BANDE DE SAUVAGES !

CRUELLA EST PARTIE, MAIS SES ÉLÈVES SONT RESTÉS ! ON A PARTAGÉ AVEC EUX CE QUE NOTRE PROF AVAIT APPORTÉ DANS DEUX GLACIÈRES : DES BROCHETTES DE FRUITS, DU CITROBULLES ET DU CHOCOLAT À LA NOIX DE COCO !
ENSUITE, NOUS AVONS FAIT L'ÉCHANGE DE CADEAUX.
QU'IL EST BEAU ! MERCI, ALICE !
OUI ! UN BLEU SUPERBE COMME LE CIEL DE LA GASPÉSIE !
100% COOL
IL VOUS PLAÎT VRAIMENT ?
PATRICK M'A OFFERT UN DRÔLE DE CADEAU. UN ANNEAU BEIGE. IL VOULAIT QUE JE M'ASSOIS DESSUS.
UN COUSSIN À FAIRE DES PETS !
J'AI UN AUTRE CADEAU POUR TOI !
NOYEUX JOËL, ALICE !!! HI HI HI !
LE VRAI CADEAU DE PATRICK, C'ÉTAIT UN MAGAZINE MÉGASTAR ! COOL !
APRÈS LA FÊTE TROPICALE, JE SUIS SORTIE DANS LA COUR AVEC MARIE-ÈVE. MA *BEST* PASSERA NOËL À VALLEYFIELD CHEZ SES GRANDS-PARENTS, AVANT DE PARTIR À OTTAWA AVEC SON PÈRE. ELLE SERA DE RETOUR LE 30 DÉCEMBRE. MOI, JE PASSERAI NOËL CHEZ MES GRANDS-PARENTS, AVEC TOUTE LA FAMILLE DE MON PÈRE.
JE VAIS M'ENNUYER DE TOI !
MOI AUSSI !
JOYEUX NOËL !!!

Dimanche 4 janvier

Hier, papa m'a déposée chez Marie-Ève. Ma meilleure amie m'invitait à passer la fin de semaine chez elle.

Il faut dire qu'on ne s'était plus vues depuis l'an dernier, lors du dernier jour de classe.

– Bonne et heureuse année, Alice !

– Merci ! À toi aussi !

En entrant dans sa chambre, j'ai tout de suite vu le pouf bleu **géant** devant la fenêtre.

J'ai dit :

– C'est nouveau, ça ?

– Oui. Je l'ai reçu de mon père pour **Noël**, a répondu Marie-Ève. Vas-y,

essaie-le ! Je parie que tu n'auras plus envie de te relever !
– Tu as raison ! me suis-je écriée. On est trop bien, dedans !
– Comme il est rempli de microbilles en styromousse, il épouse la forme du corps, a expliqué mon amie.

Changeant de sujet, je lui ai demandé :
– As-tu entendu le dernier disque des **Tonic Boys** ? Moi, depuis que je l'ai reçu à Noël, je n'arrête pas de l'écouter !
– Oui, a-t-elle répondu. Mon père l'a téléchargé sur mon iPhone. Oh, en parlant de musique, figure-toi que j'ai découvert une nouvelle

chanteuse. Elle s'appelle **Lola Falbala**.
Ses chansons sont tellement *cool*!

– Aussi bonnes que celles des **Tonic Boys**? ai-je demandé, sceptique.

– Encore meilleures! Écoute…

Elle a pitonné sur son iPhone et moi, je lui ai fait une place sur le pouf.

Ma meilleure amie avait raison! Dès la première chanson, j'ai été conquise. Quelle voix d'ange! **Fascinée**, je suivais le clip à l'écran. On y voyait la chanteuse qui marchait, sur un trottoir bordé de palmiers. **ZOOM** sur ses pieds bronzés chaussés de sandales noires à talons aiguilles. Elle était vêtue d'un jeans ajusté et d'un chandail argenté sans manches, très moulant. **ZOOM** sur le bracelet en argent qui scintillait à son poignet. Et sur celui qui ornait sa cheville. Elle était tellement **branchée**, cette chanteuse ! Mais surtout, quels cheveux ! Noirs comme les miens, mais pas du tout maigrichons ni raplapla, eux…

Elle est arrivée sur un quai et s'est arrêtée face à la mer. On la voyait de dos. Les jambes légèrement écartées, la chanteuse a posé ses mains sur ses hanches. Puis, elle a tourné la tête vers nous, pendant que sa chevelure tournoyait au ralenti.

Et voilà, la chanson était déjà finie.

– Wow! me suis-je exclamée, impressionnée.

– Je le savais, Alice, que ça te plairait! C'est Salomé, ma cousine de 14 ans, qui me l'a fait connaître pendant les fêtes.

– Dommage que je n'aie pas d'iPhone! ai-je soupiré. J'en avais demandé un à mes parents pour Noël. Mais finalement, tu sais ce que j'ai reçu? Un pyjama Shrek et des pantoufles vert fluo assorties... Enfin, ils sont très confortables. Mais au moins, je pourrais acheter le CD de cette chanteuse. Elle s'appelle comment, encore?

– Lola Falbala.

Look at me !
Look at me Baby !

On a écouté trois autres chansons. Puis, on s'est raconté nos **vacances**. Marie-Ève avait passé plusieurs jours à Ottawa chez son père. Réalisant que c'était la première fois que je revenais chez elle depuis la **séparation** de ses parents, je lui ai demandé :

– Comment tu t'y fais, à ta nouvelle vie ?

– Je commence à m'y habituer, a-t-elle répondu. Bien entendu, je rêve que mon père revienne vivre ici avec ma mère et moi. Et que mes parents recommencent à s'aimer… Mais je sais que c'est impossible. Au moins, maintenant, maman est moins nerveuse que lorsqu'elle passait son temps à se chicaner avec papa. Et lui, il ne crie plus jamais. J'ai l'impression de retrouver mes vrais parents et ça, c'est quand même positif.

Vers 16 h 30, on est descendues dans la salle d'attente de l'institut de beauté. En attendant que la mère de Marie-Ève ait terminé avec sa dernière cliente de la journée, on a feuilleté des magazines *MégaStar*.

– Oh, un *poster* de Tom Thomas ! Je peux le détacher ? me suis-je empressée de demander.
– Bien sûr ! Tu peux même le garder, si tu veux.

La porte s'est ouverte. Une grosse dame en est sortie, suivie par Stéphanie Poirier, en tablier blanc.

– Bonjour, Alice ! m'a-t-elle dit. Bonne année !

Elle m'a embrassée sur les deux joues et nous a fait entrer dans le salon de beauté.

J'adore cette pièce ! Je me rappelle encore la première fois que je suis venue ici, quand j'avais cinq ans. Émerveillée, j'avais l'impression de me retrouver dans la caverne d'Ali Baba. Sur les étagères, il y a des tas de flacons plein de produits qui sentent bon, ainsi qu'une véritable collection de rouges à lèvres et de vernis à ongles.

– Maman, tu nous maquilles les yeux, s'il te plaît ? a demandé mon amie.

– Avec plaisir, les filles !

Quel dommage de devoir se démaquiller ! Mes yeux étaient si beaux avec l'ombre à paupières brillante, un peu de mascara et de crayon khôl ! Quand je dors chez Marie-Ève, Stéphanie Poirier m'installe toujours un lit pliant à côté de celui de sa fille.

Comme d'habitude, Marie-Ève et moi, on a papoté pendant des heures avant de s'endormir.

Vers 11 h ce matin, alors qu'on se faisait griller des toasts, Marie-Ève m'a proposé :

– Et si on allait au cinéma ? As-tu vu *Cap sur la Voie lactée* ?

– Le nouveau film avec Kevin Esposito ? Non, pas encore. Mais Africa, chez qui j'étais avant-hier, m'a montré la bande-annonce sur l'ordi. Ça a l'air vraiment cool !

La mère de Marie-Ève était d'accord pour aller voir ce film en 3D. Au cinéma, la file était interminable au guichet. Quand on est enfin arrivées dans la salle, celle-ci était quasi pleine. Mon amie et moi, on a trouvé deux sièges côte à côte dans la première rangée. Stéphanie Poirier, elle, a déniché une place libre au fond.

En sortant de la salle, Marie-Ève s'est écriée :

– Simon !

C'était bien le chum de ma meilleure amie qui arrivait.

– Salut, Marie-Ève ! Salut, Alice ! Vous avez vu *Cap sur la Voie lactée* ?

– Oui ! a répondu mon amie. Quels acteurs ! Et les effets spéciaux sont incroyables ! Et toi, tu vas voir quoi ?

– *Cap sur la Voie lactée* également. Mon père, ma sœur et moi, on va assister à la prochaine séance.

Je sentais que Marie-Ève, qui avait le rose aux joues, était gênée de retrouver Simon en présence de sa famille. D'autant plus que la mère de mon amie nous avait rejoints…

– Bon, on se voit demain à l'école ! a lancé Marie-Ève. *Bye*, Simon !

– C'est un garçon de votre classe ? a demandé madame Poirier à sa fille.

– Oui.

– Il a l'air sympathique.

– Tu as raison maman, Simon est très sympathique, a répondu Marie-Ève.

Elle m'a fait un discret clin d'œil, puis a chuchoté à mon oreille :

– Très sympathique… et très beau !

– Et *très amoureux* ! ai-je ajouté tout bas, pour être sûre que sa mère n'entende pas.

On a pouffé de rire.

Madame Poirier m'a déposée à la maison. Je suis montée dans ma chambre avec l'intention d'afficher le *poster* du chanteur des **Tonic Boys** au-dessus de mon lit. Mais j'ai réalisé que mon idole aurait l'air **bizarre** sur fond de papier peint orné d'agneaux bondissant **joyeusement** par-dessus des arcs-en-ciel ! Eh oui ! cette tapisserie est là depuis ma naissance. C'était mignon quand j'avais trois ans. À la longue, j'ai fini par ne plus la voir. Mais à présent, je voudrais la faire disparaître comme par enchantement ! Je ne suis plus un bébé, tout de même ! Il est temps que j'aie, moi aussi, une chambre de style ado ! Je voudrais la repeindre… En turquoise, par exemple…

Emballée par cette idée géniale, je suis allée trouver mes parents au salon. Maman a soupiré :

– Peindre ta chambre, Biquette ? Ça ne peut pas attendre l'an prochain ?

Papa, en train de faire faire le rot à Zoé, m'a dit :

– Je comprends que tu en aies marre de ce vieux papier peint. Si tu veux, pendant les vacances, je t'aiderai à l'enlever et à peindre votre chambre.

– Les vacances, c'est maintenant ! ai-je déclaré.

– Les vacances de **Noël** se terminent ce soir, a précisé papa. Moi, je parlais des vacances d'été.

– L'été !!! Mais poupou, c'est dans une **éternité** !

Caro s'en est mêlée. Elle a décrété :

– Notre chambre, je voudrais la peindre en rose.

– Rose pâle ou rose vif ? lui a demandé papa.

– Ben, **rose cochon** ! a répondu ma sœur.

MA chambre en rose cochon ?

Non mais, il n'en était pas question !

J'ai aussitôt rétorqué :

– C'est moi qui ai pensé à peindre ma chambre et elle sera turquoise !

– Rose ! a renchéri ma sœur. C'est ma chambre aussi !

– Turquoise ! ai-je insisté.

– Vous êtes **fatigantes**, toutes les deux ! a soupiré maman. Arrêtez de vous **chicaner**. Vous allez faire pleurer votre petite sœur !

– On en reparlera cet **été**, a conclu papa. D'ici là, les filles, vous aurez certainement trouvé un terrain d'entente.

Ma sœur est **têtue**. Mais cette fois, je t'assure, cher journal, qu'elle N'AURA PAS le dernier mot ! En attendant, j'ai rangé ma précieuse affiche de Tom Thomas dans la garde-robe.

À 20 h, maman est venue border Caroline. Avant de refermer la porte de notre chambre, elle a lancé un **joyeux** :

– Bon appétit, ma Ciboulette !

Interloquée, ma sœur lui a répondu :

– Mais, maman... Je ne vais pas manger ! Je vais dormir !

– Oh là là, j'étais dans la **lune** ! s'est excusée maman. Je voulais plutôt dire : « Bonne nuit ! »

On a bien ri, toutes les trois ! **Sacrée maman...** Elle est plus distraite que jamais ! Je crois qu'elle est très fatiguée parce que notre bébé chéri réclame encore à boire chaque nuit.

Deux minutes plus tard, alors que je croyais Caro endormie, elle s'est **brusquement** redressée sur son lit.
Elle a déclaré :
– Je veux une chambre rose !
Ou sinon, on garde le papier peint avec les moutons.

OH NON ! Ça n'allait pas recommencer… J'te jure, cher journal, qu'il y a des jours où *je rêve* d'être enfant unique !

Lundi 5 janvier

– Bonne année, les amis! nous a souhaité notre enseignant quand on est entrés en classe comme un troupeau d'élèves.

Il portait son tee-shirt bleu avec l'inscription 100 % cool!

– Vous allez me raconter ce que vous avez fait pendant votre congé, a-t-il proposé avec un grand sourire. Oui, Jonathan, tu peux commencer.

Une demi-heure plus tard, après que Catherine Provencher, la dernière, nous ait mis l'eau à la bouche en nous décrivant le festin que son père et elle avaient préparé pour le réveillon du Nouvel An, Africa a demandé:

– Et vous, monsieur Gauthier, comment avez-vous passé **les Fêtes**?

– Je suis allé dans ma famille, nous a-t-il expliqué. J'ai fait de la raquette et du ski de fond avec ma sœur et son copain. J'en ai profité pour prendre plein de photos de la Gaspésie sous la neige. Quand la nuit tombait, je ressortais de la maison pour observer le ciel au télescope. *C'était beau à couper le souffle!*

Comme chaque début du mois, monsieur Gauthier a procédé au changement de places. Il a sorti du tiroir de son bureau le sac en tissu rouge qui contient nos noms.

Y plongeant sa main, il a annoncé :

– Audrey et Patrick : devant à gauche. Jonathan et Bohumil : devant au milieu. Eduardo et Catherine Frontenac : devant à droite. Africa et Éléonore : deuxième rangée à gauche.

Et ainsi de suite. J'espérais être avec Marie-Ève. Eh bien, non ! *Ma meilleure amie* (qui rêvait de s'asseoir à côté de Simon ou de moi) se retrouve avec la petite Jade. Et moi… de l'horripilante Gigi Foster ! **Horreur absolue !** Ça, c'est 100 % *pas cool* !

À quoi ça sert, tous ces vœux de bonne année ?! À rien, parce que pour moi, elle ne commence pas bien, l'année. Du moins à l'école.

Cet après-midi, monsieur Gauthier nous a demandé de composer une poésie sur la planète Terre.

– Je vous laisse une demi-heure pour y travailler. Ensuite, vous me la lirez.

J'ai composé ma poésie en m'inspirant des voyages d'oncle Alex, qui vient de partir en Nouvelle-Zélande. Ensuite, notre enseignant a demandé à Patrick, à Éléonore et aux deux Catherine de venir lire leur texte devant la classe. Quand

Catherine Frontenac est revenue à sa place, monsieur Gauthier a dit:
– Alice, à ton tour!

Éléonore, qui avait obtenu 9,5/10 pour sa poésie, m'a jeté un regard supérieur. Cette fille, elle cherche toujours à être la plus belle et la **meilleure** en tout. Comme c'est une des meilleures élèves de la classe, elle y réussit souvent. Mais lorsque quelqu'un la surpasse, alors là, elle râle!

Quand j'ai eu terminé ma lecture, monsieur Gauthier a déclaré:
– Alice, te voilà prise en **flagrant délit**... d'imagination débordante!

Tu t'es surpassée ! Ça mérite 10/10 et un galet.

Fouillant dans son sac, il en a sorti un caillou orange. Je suis allée le déposer dans le coffre aux trésors au fond de la classe. Il était presque plein. La prochaine fois que le prof récompensera l'un d'entre nous avec un galet, toute la classe méritera un privilège.

En sortant de la classe, Marie-Ève m'a demandé :

– Tu as vu la tête de Miss Parfaite quand tu as reçu ton galet ? Elle boudait carrément.

J'ai pouffé de rire.

– Miss Parfaite…, ai-je répété. Tu viens d'inventer le parfait surnom pour Éléonore !

Ma meilleure amie n'a pas l'habitude de se moquer des autres. Mais elle ne supporte pas Éléonore Marquis.

Quand on est rentrées de l'école, ma sœur et moi, maman est venue nous ouvrir. Elle avait notre bébé chéri dans les bras. Zoé a fixé Caroline d'un air émerveillé.

– Coucou, Zouzou ! lui a dit cette dernière.

Zoé s'est tordue de rire. Alors, Caro s'est brusquement rapprochée d'elle en s'écriant joyeusement :

– ZZzouzOuuuu ! ZZzouzouuuu !

Zoé a été prise d’un tel fou rire qu’elle en a eu le hoquet pendant une heure ! Difficile de croire que Caroline a été si **jalouse** d’elle à sa naissance !

Caro a demandé à maman :

– Le facteur est passé ?

– Non, ma Ciboulette. Pourquoi ?

– Ben, pour **mon porte-bonheur** ! À l’hôpital, l’infirmière avait promis qu’elle me l’enverrait dès qu’ils auraient fini les analyses de microbes.

Ce que ma sœur appelle son « porte-bonheur », c’est le pendentif en forme de papillon qui a failli lui coûter la vie juste avant **Noël**.

Drôle de porte-bonheur ! Mais Caro est déterminée à porter ce bijou.

Mardi 6 janvier

En revenant du parc, j'ai croisé notre gentille voisine qui sortait de chez elle.

– Bonjour, Madame Baldini. Bonne année !

– Merci, Alice ! Tous mes meilleurs vœux à toi aussi !

Apercevant Zouzou qui dormait comme une bienheureuse dans son traîneau, elle a ajouté, en parlant plus doucement pour ne pas la réveiller :

– Oh, la petite Zoé ! *Mamma mia,* comme elle a grandi ! Et toi, tu vas bien, Alice ? Et ton chat ? Comment se fait-il qu'il ne vient plus miauler devant la porte de ma cuisine ?

Grand-Cœur a toujours été casanier. Ces derniers temps, j'ai remarqué moi aussi que c'est pire que jamais.

– Il est de plus en plus paresseux, ai-je expliqué. Il passe une bonne partie de ses journées à dormir sur mon lit. Il doit hiberner, j'imagine.

Madame Baldini a froncé les sourcils.

– Bizarre, a-t-elle dit. Les chats n'hibernent pas. Grand-Cœur manque peut-être tout simplement de vitamines. Demande à tes parents de lui en acheter. Oh, Alice, j'ai fait des biscotti, ce matin. Je vais t'en mettre quelques-uns dans un sac. Attends-moi un instant.

J'ai demandé à papa d'acheter des vitamines pour chat.

– D'accord, ma puce, a-t-il dit. Je passerai à l'animalerie.

Mercredi 7 janvier

Madame Duval, notre enseignante d'éducation physique, nous a accueillis dans le gymnase. Elle a annoncé :

– Nous allons commencer l'année en beauté en jouant au volley ! Eduardo et Gigi, vous allez former les équipes.

Comme d'habitude, j'étais la dernière à être choisie et Eduardo a bien été forcé de me prendre dans son équipe. **GIGI FOSTER**, elle, était ravie que je ne sois pas dans la sienne. À la fin du match, je me suis disputée avec Eduardo qui prétendait que j'avais fait perdre notre équipe. Pas moi toute seule, quand même ! Il ne faut pas exagérer ! Quand le ballon bondit par-dessus le filet et fonce sur moi, je suis épouvantée. Alors, je baisse la tête pour laisser quelqu'un d'autre l'attraper.

Je regrette, mais je tiens à la vie, cher journal !

Ce soir, quand papa est rentré à la maison, maman a dit :

– Oh, Marc, tu t'es fait couper les cheveux ! Tu es tout beau, comme ça !

– Merci, a-t-il répondu. Je suis passé chez monsieur Tony. Notre nouvelle directrice arrive demain. Je tiens à être impeccable. À propos, Astrid, as-tu repassé ma chemise bleue ?

(Mon père travaille au centre-ville, dans une compagnie de téléphone.)

Jeudi 8 janvier

Quand Marie-Ève m'a rejointe sous l'érable de notre cour d'école, ce matin, elle fredonnait : *Look at me ! Look at me Baby !*

– Tu chantes quoi ? lui ai-je demandé.

– Une des chansons de **Lola Falbala**. Depuis hier, elle me trotte dans la tête. À propos, Alice, tu as acheté son disque ?

– Pas encore. Je veux **absolument** y aller ce week-end !

Aujourd'hui, monsieur Gauthier portait à nouveau son tee-shirt 100 % cool ! Ça veut dire qu'il lui plaît vraiment.

À 9 h 30 précises, madame Fattal, alias **CRUELLA**, est entrée en classe. Monsieur Gauthier, qui se préparait à sortir, nous a salués :

– On se revoit après la récré, les amis !

Il s'est dirigé vers la porte. Cruella, qui le suivait du regard, a écarquillé les yeux.

– 100 % cool ! a-t-elle lu tout haut. Comment osez-vous porter une chose pareille à l'école, monsieur ?! C'est bon pour la plage ou la discothèque, mais certainement pas pour l'école où l'on enseigne à des jeunes!

Notre enseignant a fait volte-face.

– D'abord, ce n'est pas une *chose,* madame! C'est un tee-shirt. Et puis, j'y tiens beaucoup. C'est un cadeau d'Alice.

– Alice Aubry vous a offert un chandail sur lequel il est inscrit 100 % cool!?

Puis, elle a poursuivi:

– Je n'en reviens pas! Quel manque de respect envers son enseignant!

Jamais je ne tolérerais une chose pareille de la part de mes élèves, moi, monsieur ! Vous n'êtes pas obligé de le porter, ce… ce vêtement. Je vous rappelle que vous avez été engagé comme enseignant, et non comme animateur d'un camp de **vacances** !

– Mais j'aime mon tee-shirt ! a protesté notre enseignant. Je ne me priverai certainement pas de le porter à l'école ! Je travaille avec des jeunes de 10 et 11 ans, *madame.*

– Justement, *monsieur,* vous devriez leur montrer le bon exemple ! Je n'en reviens pas du laisser-aller des enseignants de la nouvelle génération !

Monsieur Gauthier nous a fait un clin d'œil et a quitté la classe.

Une heure plus tard, on est sortis à l'extérieur pour la récréation. On s'est réunis sous l'érable.

– Eh bien ! On ne peut pas dire que la prof d'anglais revienne détendue de ses vacances ! a soupiré Catherine Provencher. Ça promet !

– Au contraire, elle est dangereusement en forme ! a rétorqué Karim. Elle a fait le plein d'énergie pendant le congé pour se montrer, dès le début de l'année, à la hauteur de sa réputation : sévère et vieux jeu. Elle ne rate jamais une occasion de critiquer monsieur Gauthier.

– Au moins, il ne se laisse pas faire ! a dit Jade.

– Et toutes les occasions sont bonnes pour t'**humilier**, ma pauvre Alice, a constaté Africa. Pourquoi elle te déteste comme ça ?

– Parce que je ne suis pas bonne en anglais et que mon accent ne lui plaît pas.

– C'est pas une raison ! a protesté Catherine Frontenac.

– **Jamais** je ne tolérerais une chose pareille de la part de mes élèves ! a lancé Patrick en imitant la voix criarde de **CRUELLA**. Non mais ! Comme si un élève allait lui offrir un tee-shirt 100 % cool ! à celle-là ! Ça ne risque pas d'arriver !

On a tous éclaté de rire.

Une fois de plus, la première chose que Caro a demandé à maman en revenant de l'école, c'est:

– Le facteur est passé?

– Bonjour quand même! a répondu maman. Et pour répondre à ta question, oui. Ton enveloppe se trouve sur ta table de chevet.

– Mon porte-bonheur!!! s'est écriée ma sœur en fonçant à l'étage sans avoir pris le temps d'enlever son habit de neige.

C'était bien son pendentif en forme de papillon. Elle l'a enfilé sur la chaîne qu'elle a reçue à **Noël**. Il faut avouer que c'est très joli.

Ce soir, papa, vêtu de sa chemise bleue et de sa plus belle cravate, est rentré tard.

– Comment ça s'est passé, Marc, avec ta nouvelle directrice ? lui a demandé maman.

– Très bien, a-t-il répondu. Elle a l'air épatante !

– Elle a l'âge de monsieur Tremblay ?

(Monsieur Tremblay, c'est l'ancien chef de papa qui a eu une crise cardiaque pendant les fêtes. Heureusement, il va mieux. Du coup, il va prendre sa retraite plus tôt que prévu.)

– Oh non, Astrid ! Sabine Weissmuller est plus jeune que moi. N'empêche, elle semble avoir beaucoup d'expérience. Je crois qu'avec elle, nous allons enfin développer un réseau de vente en Asie. Elle vise particulièrement le Japon.

– Je suis contente qu'elle t'ait fait bonne impression, chéri. Et maintenant, viens manger !

Vendredi 9 janvier

La porte de la classe était close, ce matin. Bohumil a essayé de l'ouvrir, mais elle était encore fermée à clé. Où était monsieur Gauthier ? Deux minutes plus tard, on a entendu éternuer dans l'escalier. C'était notre enseignant.

En classe, il a annoncé :

– Je vais vous demander de faire un travail d'équipe en sciences de la TCHIIIE, euh ! en sciences de la nature. Voici les sujets : la coccinelle, l'escargot, la myTCHOUUU...

– C'est quoi la *mitchoue* ? a demandé Jonathan.

– Veux-tu bien ne pas m'interrompre ! s'est énervé notre prof.

D'habitude, notre enseignant est très patient, notamment avec Jonathan l'ouragan. Par contre, quand il est malade, c'est autre chose. Il s'énerve pour un rien !

Il a poursuivi :

– Donc, le troisième sujet est la myTCHIIIE ! La mygale, a-t-il enfin réussi à dire. Les trois autres sujets sont la couleuvre, la fourmi et le scorpion.

Gigi Foster a levé la main.

– Oui ?

– C'est quoi encore, les deux premiers animaux, monsieur ?

– Bon, je vais vous les écrire au taaaaTCHOUM ! Au tableau. Mettez-vous en équipe de quatre et choisissez un sujet. Je vous laisse quelques minutes pour circuler dans la classe et discuter entre vous.

Je suis allée trouver Marie-Ève.

– J'adore les coccinelles!

– Moi aussi. On demande à Simon de se joindre à nous?

– D'accord. Et à Africa?

Mais Africa s'était déjà associée à Karim pour étudier la fourmi. Catherine Provencher voulait, elle aussi, parler des coccinelles. Elle avait déjà formé une équipe avec Catherine Frontenac, Jade et Éléonore.

– Moi aussi, je choisis la coccinelle, a déclaré Audrey.

Comme on ne parvenait pas à se mettre d'accord, monsieur Gauthier a déclaré :

– Audrey, Simon, Marie-Ève et Catherine Frontenac, vous ferez votre recherche sur la coccinelle. ÉLÉTCHOUM TCHAW ! Éléonore, Catherine Provencher, Gigi et Alice, vous vous occuperez de la mygale !

De la mygale ! **Horreur absolue !**

– Monsieur, je veux changer de sujet ! me suis-je écriée. J'ai une PEUR BLEUE des araignées !

Patrick a pouffé de rire. Jonathan a proposé :

– Je veux remplacer Alice. Moi, j'avais choisi la mygale !

Après s'être mouché bruyamment, monsieur Gauthier a conclu :

– Les équipes sont formées.

On n'obtient pas toujours ce qu'on veut dans la vie. Mais je vous assure que tous les sujets sont passionnants !

Si notre enseignant avait été dans son état normal, jamais il ne m'aurait obligée à parler des araignées ! Et pas de n'importe lesquelles, en plus. Des araignées GIGANTESQUES, avec des pattes VELUES ! De quoi faire des cauchemars jusqu'à la fin de mes jours ! Mais quand il a un rhume, celui-là, il n'est vraiment pas drôle ! Et comme si ça ne suffisait pas, je vais devoir supporter **GIGI FOSTER** dans mon équipe ! Bref, on devra présenter notre sujet devant la classe. Nous, « les mygales », on passera le 21 janvier.

Dimanche 11 janvier

Hier, il y avait **une tempête de neige**, et mes parents n'ont pas voulu aller au centre commercial. En ouvrant les stores, ce matin, j'ai vu qu'il neigeait toujours.

– On peut aller chez le disquaire ? ai-je tout de même demandé à papa. Et en même temps, on en profitera pour passer à l'animalerie. Grand-Cœur a besoin de vitamines...

Malheureusement mon père a déclaré qu'avec ces intempéries, il n'était pas question de s'aventurer sur l'autoroute pour se rendre au Carrefour Laval. Bref, cher journal, mon disque de **Lola Falbala**, c'est pas encore pour aujourd'hui (gros soupir)! **Pas facile de rester zen!** D'autant plus qu'il faut bien que je m'y mette, à notre présentation sur les mygales... En effet, dans une semaine, notre équipe se réunira chez Éléonore pour y travailler. Moi, je suis chargée de trouver des informations sur l'habitat et l'alimentation de ces araignées. Allez, courage, Alice Aubry... Direction l'ordi, à la recherche de sites spécialisés sur les mygales! **Rien qu'à y penser, ça me donne la chair de poule.**

Ce soir, je carressais Grand-Cœur quand papa a *éclaté de rire* dans sa chambre. Ma parole, il hurlait

de rire ! Qu'y avait-il de si comique ?
Maman a protesté gentiment :
– Voyons, Marc ! Tu vas **EFFRAYER**
Zoé !

Puis, elle aussi s'est mise à rigoler.
Subissaient-ils une attaque de gaz hilarant ? Se chatouillaient-ils à mort ? Intriguées, ma sœur et moi on a accouru. Mes parents étaient assis dans leur lit. Maman allaitait l'imperturbable Zoé. Et papa ? Il était en train de lire en se tordant de rire. Quand j'ai aperçu la couverture de son bouquin, j'ai compris ! Il était plongé dans *Les Zarchinuls en folie !* (Les Zarchinuls, ce sont mes BD préférées !)

Jeudi 15 janvier

Jade, qui a reçu un galet mauve, est allée le déposer dans le coffre aux trésors.

Le prof a déclaré :

– D'habitude, pour vos privilèges, je m'inspire des suggestions que vous m'avez remises au début de l'année. Cette fois-ci, il m'est venu une idée. Il faut que j'en parle avec monsieur Rivet, mais ça ne devrait pas poser de problème.

Cet après-midi, il nous a annoncé :
– Le directeur m'a donné le feu vert pour le privilège de demain ! Pour participer, chacun devra apporter une montre. Vérifiez qu'elle soit à l'heure !
– Qu'est-ce qu'on va faire avec une montre ? a demandé Bohumil, perplexe.
– Surprise ! a répondu monsieur Gauthier.

Simon n'était pas là aujourd'hui. Marie-Ève a dit :
– Il doit être malade. Je lui enverrai un texto tout à l'heure pour prendre de ses nouvelles. Je t'appellerai après, Alice.
– D'accord, à ce soir !

On finissait le dessert quand le téléphone a sonné. Caro s'est levée de table, mais j'ai crié :

– Non, c'est pour moi ! C'est Marie-Ève !

Me précipitant sur le combiné, j'ai lancé un joyeux *Allôôô !*

À l'autre bout du fil, une voix inconnue m'a répondu :

– Bonsoir, c'est Sabine Weissmuller. Je voudrais parler à Marc Aubry.

Surprise, j'ai dit :

– Euh ! je vais l'appeler. Ne recrachez pas, s'il vous plaît. Euh !… ne raccrochez pas.

Caro a pouffé de rire. Moi, j'étais super gênée. Pour qui elle va me prendre, la nouvelle chef de papa? Il y a des jours où j'en ai vraiment ras-le-bol d'être distraite!

Quelques minutes plus tard, la sonnerie du téléphone a retenti à nouveau. Cette fois, c'était bien Marie-Ève. Simon a mal à la gorge. Il reviendra lundi, s'il est guéri.

VENDREDI 16 JANVIER
AUJOURD'HUI, EN CLASSE, MONSIEUR GAUTHIER NOUS A ANNONCÉ NOTRE PRIVILÈGE.
ON VA JOUER UNE MEGA PARTIE DE CACHETTE DANS L'ÉCOLE !
YÉÉÉ
COOL!
RÈGLES DU JEU
1. ON A LE DROIT DE SE CACHER PARTOUT. SAUF DANS LES CLASSES.
2. ON NE FAIT PAS DE BRUIT.
3. ON NE COURT PAS.
4. ON NE SORT PAS DE L'ÉCOLE.
5. SI À 9 H 20 ON NE VOUS A PAS TROUVÉ, REVENEZ EN CLASSE ET VOUS SEREZ DÉCLARÉ GAGNANT.
J'ATTENDRAI CINQ MINUTES.
CHAQUE PERSONNE QUE JE TROUVE, M'AIDERA À CHERCHER LES AUTRES.
JE VAIS DEMANDER AU DIRECTEUR SI JE PEUX UTILISER SON BUREAU... BONNE CHANCE !
VOUS VOUS SERIEZ CACHÉS DANS UN COIN POUR VOUS BÉCOTER !
J'AURAIS AIMÉ ME CACHER AVEC SIMON. DOMMAGE QU'IL SOIT ABSENT.

C'EST MOI GIGI. ARRÊTE DE CRIER COMME UN BÉBÉ ! C'EST MA CACHETTE, VA-TEN !
AAAAA AAAAH !
PFF, COMME SI J'AVAIS ENVIE DE ME CACHER AVEC GIGI FOSTER.
LA VOIE EST LIBRE
JE SUIS ENTRÉE DANS LA SALLE OÙ LES PROFS FONT LEURS PHOTOCOPIES.
ON DIRAIT QU'IL N'Y A PERSONNE.
IL NE RESTAIT QUE 18 MINUTES AVANT LA FIN DU JEU, LORSQUE J'AI ENTENDU UN BRUIT RECONNAISSABLE .
HORREUR ABSOLUE !!! CRUELLA !!!
TIC-TIC-TIC-TIC-TIC
HAAAA !!! MY GOODNESS !
HAAAAAA !!!
ALICE AUBRY, TU SÈCHES LES COURS ET TU ESPIONNES LES ENSEIGNANTS !
MAIS MADAME, ON JOUE À CA...
TARATATA ! TU T'EXPLIQUERAS DEVANT LE DIRECTEUR.

MONSIEUR RIVET SORTAIT JUSTEMENT DE SON BUREAU.
C'EST VOUS QUI AVEZ CRIÉ, MADAME FATTAL ?
J'AI SURPRIS ALICE CACHÉE DERRIÈRE UNE PORTE. J'ESPÈRE QUE VOUS PRENDREZ LES MESURES QUI S'IMPOSENT !
OH MADAME FATTAL, J'AURAIS DÛ VOUS PRÉVENIR QUE J'AVAIS AUTORISÉ UNE PARTIE DE CACHE-CACHE.
?!?
J'AI APERÇU LE JEANS ET LES SOULIERS NOIRS DE MARIE-ÈVE QUI ÉTAIT CACHÉE DERRIÈRE LE MANTEAU DU DIRECTEUR.
JE SUIS DÉSOLÉE POUR CE MALENTENDU, ALICE. TU AS ENCORE LE TEMPS DE TE TROUVER UNE NOUVELLE CACHETTE.
AU MÊME MOMENT, NOUS AVONS ENTENDU L'ÉQUIPE DE MONSIEUR GAUTHIER ARRIVER ET LE DIRECTEUR M'A INDIQUÉ LE FAUTEUIL OÙ JE POUVAIS ME CACHER. JE ME SUIS PRÉCIPITÉE DERRIÈRE.
BONJOUR, MONSIEUR LE DIRECTEUR. NOUS VOULONS VÉRIFIER SI UN FUGITIF DE NOTRE CLASSE NE SERAIT PAS CACHÉ ICI.
LÀ ! C'EST MARIE-ÈVE !
TU PEUX SORTIR, ALICE, ILS SONT PARTIS.
MONSIEUR GAUTHIER EST REPARTI EN ANNONÇANT QU'ILS DEVAIENT CHERCHER AU GYMNASE. LE DIRECTEUR A ÉTÉ VRAIMENT COOL.

JE SUIS ARRIVÉE EN CLASSE AU MOMENT OÙ MONSIEUR GAUTHIER ANNONÇAIT LES GAGNANTS, DONT JE FAISAIS PARTIE !
BRAVO ALICE, EDUARDO, PATRICK, JONATHAN ET JADE !
OUI, MAIS JONATHAN N'EST PAS ENCORE REVENU.
TRAVAILLEZ TRANQUILLEMENT, JE PARS À LA RECHERCHE DE JONATHAN. POURVU QU'IL NE SOIT PAS SORTI !
JONATHAN N'EST PAS DE TOUT REPOS, MAIS, NOUS LES 5E B, ON L'AIME BIEN NOTRE OURAGAN ! ET SI NOTRE JEU TOURNAIT MAL ? MONSIEUR GAUTHIER AURAIT SANS DOUTE DES ENNUIS, AVEC CRUELLA QUI EST SUR SON DOS DEPUIS LA RENTRÉE, À CAUSE DE SES MÉTHODES… ET S'IL ÉTAIT RENVOYÉ ?
YO MAN, T'ÉTAIS OÙ ?
J'ÉTAIS DANS LE LOCAL DE RANGEMENT À CÔTÉ DU GYMNASE. APRÈS ÊTRE MONTÉ, L'ÉCHELLE EST TOMBÉE. J'ÉTAIS BLOQUÉ, MAIS PAS GRAVE… L'ESSENTIEL, C'ÉTAIT QUE PERSONNE NE ME TROUVE !!!
JE L'AI APPELÉ, PAS DE RÉPONSE. J'AI ESSAYÉ D'OUVRIR LA PORTE, ELLE ÉTAIT BLOQUÉE. JE LUI AI DIT QUE LE JEU ÉTAIT TERMINÉ. IL M'A RÉPONDU. JE L'AI TROUVÉ À 4 MÈTRES DU SOL. J'AI ALLUMÉ LA LUMIÈRE ET REPLACÉ L'ÉCHELLE POUR QU'IL DESCENDE. ET VOILÀ !
TU N'AS PAS EU PEUR QU'ON NE TE RETROUVE PAS ?
BEN… NON. SI JE VOULAIS, JE POUVAIS TOUJOURS SAUTER.
SAUTER D'UNE HAUTEUR DE 4 MÈTRES ? DANS L'OBSCURITÉ LA PLUS TOTALE ? IL AURAIT PU SE BLESSER SÉRIEUSEMENT. BREF, CHER JOURNAL, ON L'A ÉCHAPPÉ BELLE !

Samedi 17 janvier

J'ai passé l'après-midi sur Internet en compagnie des mygales... Heureusement, grand-papa m'a aidée à trouver les informations qui me manquaient. Lui et grand-maman étaient venus passer la journée avec nous. Ils sont repartis vers 16 h. Je me préparais un bon chocolat chaud quand maman est arrivée dans la cuisine. Elle a ouvert le frigo.

– Oh, il ne reste plus de lait de soya ! Alice, tu m'accompagnes au supermarché ? On en profitera pour acheter des fruits.

Du salon, Caro a crié :

– N'oubliez pas le ketchup ! La bouteille est presque vide.

Dans l'auto, j'ai demandé à maman :
– On pourrait d'abord passer chez le disquaire ?
– L'heure de fermeture des magasins approche. Je n'ai aucune envie d'être coincée dans un embouteillage, en sortant du centre commercial.

Pfff... Avec ma mère, c'est JAMAIS le bon moment !

Au supermarché, je suis allée choisir des céréales. Devant un échafaudage de grandes boîtes, une pancarte annonçait :

Craquez pour les Crocolatos, les nouvelles céréales irrésistibles ! Et recevez le tee-shirt de Lola Falbala !

Sur les boîtes, on voyait un crocodile ouvrir son **énorme** gueule pour dévorer des céréales en forme d'étoiles **chocolatées**. Et en bas à droite, une photo de la *jolie* chanteuse. Retournant la boîte, j'ai lu : « Participez et recevez le tee-shirt ultra-moulant de **Lola Falbala** ! »

Une boîte de Crocolatos à la main, j'ai couru rejoindre maman. Elle était absorbée dans la contemplation de son rayon préféré, celui des laits de **soya**.

Zoé a de la chance : elle est encore trop petite pour que maman lui refile un *milk-shake* banane-tofu !

– On peut acheter ces céréales ? ai-je demandé à ma mère en lui montrant la boîte avec le crocodile.
– D'accord, Biquette, m'a-t-elle répondu distraitement.

Pour une fois, ma diététiste de mère n'a pas consulté la liste des ingrédients sur la boîte de céréales. Heureusement, parce que ça n'a pas l'air d'être le genre de céréales aux grains entiers qu'elle aime…

Une fois à la maison, j'ai déchiffré, à l'arrière de la boîte de Crocolatos, non pas la liste des ingrédients, mais les conditions de l'offre. Pour obtenir le tee-shirt ultra-moulant de Lola

Falbala, il suffit de collectionner 40 points Star. On les trouve sur le côté de la boîte. Dans une étoile argentée est inscrit le chiffre 5.

Je rêve de porter ce superbe tee-shirt et je vais tout faire pour l'obtenir ! Tout, c'est-à-dire déjeuner pendant des semaines avec ces céréales, puisqu'il faut en consommer huit boîtes pour réunir les points nécessaires. Ça fera changement du pain au blé entier que maman achète ! Comme j'avais un petit creux, j'ai ouvert la boîte et...

– MIAOU ! MIAOU !

Grand-Cœur est venu se frotter contre mes chevilles.

– C'est pas une boîte de croquettes pour chat ! lui ai-je dit. Mais si tu en veux, des croquettes au thon, je t'en verse dans ton bol.

Après l'avoir nourri, j'ai plongé la main dans la boîte de Crocolatos et j'ai commencé à grignoter les étoiles chocolatées. Quel délice, comme dirait Catherine Provencher !

Caroline est arrivée. Je lui ai demandé :
– Tu veux goûter les nouvelles céréales ?
– Ne vous coupez pas l'appétit, les filles ! a dit maman. On va bientôt souper.

Pour réunir plus vite mes points Star, j'ai convaincu ma sœur de manger des Crocolatos chaque matin.

– À une condition, a-t-elle déclaré. Quand on aura tes 40 points, tu m'aideras à accumuler d'autres points. Comme ça, moi aussi j'aurai un tee-shirt de Lola Falbala. Il ira bien avec mon pendentif porte-bonheur !

N'ayant aucune envie que ma sœur porte le même tee-shirt que moi, je lui ai dit :

– Tu sais, Caro, ce genre de chandail, c'est pas pour les filles de sept ans.

Elle m'a répondu du tac au tac :

– D'abord, j'ai pas sept ans, mais bien sept ans, huit mois et neuf jours !

Et puis, le temps de collectionner les points et de recevoir mon tee-shirt, j'aurai huit ans.

Dimanche 18 janvier

Il a encore neigé cette nuit. J'avais rendez-vous à 13 h chez Éléonore pour finaliser notre recherche.

En sortant de la douche, j'ai ouvert ma garde-robe. Qu'est-ce que j'allais bien mettre ? Pourquoi pas mon pantalon blanc ? Avec mon chandail turquoise.

J'ai décidé de me rendre à pied chez Miss Parfaite.

– Tu ne préfères pas que je te conduise ? a demandé mon père. La température a chuté. Le thermomètre indique -12 °C et, en plus, il y a du vent.

– Non merci, poupou. Je vais bien m'habiller.

En fait, je tenais ABSOLUMENT à m'arrêter chez le dépanneur. Après la lasagne, maman nous avait servi une mousse à l'orange. Mais ce matin, je l'avais vue utiliser un paquet complet de tofu pour la préparer. Pour échapper à sa mousse suspecte, je m'étais privée de dessert. Ce qui explique que j'avais encore un petit creux. Une barre de **chocolat** à la menthe, voilà ce qu'il me fallait ! En plus, ça me remonterait un peu le moral. Parce que, franchement, l'idée de passer mon dimanche après-midi à discuter d'araignées avec **GIGI FOSTER** me déprimait complètement… C'est déjà assez **pénible** d'être assise à côté d'elle en classe !

Je me suis dirigée d'un bon pas vers le dépanneur. Un peu plus tard, je marchais sur le boulevard Gouin en croquant le dernier morceau de chocolat quand un camion est arrivé à *vive allure*. Ses roues ont projeté une **gigantesque** vague de gadoue noire et glacée. J'ai été aspergée de la tête aux pieds. **Horreur absolue !** Ce liquide infect dégoulinait sur mon visage et mon manteau. **BEURK !** J'aurais voulu pleurer de rage et de désespoir.

J'avais très mal à la joue, là où la terrible claque de **neige** fondante m'avait frappée. Comme si ça ne suffisait pas, mon visage mouillé était en train de geler ! Sous mon pantalon blanc désormais gris-noir et détrempé, mes jambes aussi étaient **glacées**. **Il fallait agir !** Au fond de ma poche, j'ai trouvé un mouchoir. J'ai essuyé ma bouche. Le mouchoir était gorgé

de liquide noirâtre. OUACHE!
C'était vraiment répugnant!
Je me trouvais à une dizaine de minutes de chez moi, mais presque au coin de la rue d'Éléonore.
Je n'avais donc pas le choix. J'ai piqué un *sprint*, cherché le numéro de sa maison, et enfin, sonné chez elle.

C'est *Miss Parfaite* en personne qui m'a ouvert. Quand elle m'a vue, ses yeux se sont écarquillés comme devant une vision d'**horreur**. J'ai cru qu'elle allait me claquer la porte au nez.

– C'est toi, Alicc? m'a-t-elle demandé d'un air incrédule.

Qui voulait-elle que ce soit? Le père Noël?

Elle a fait une grimace.

– Tu es dégoûtante !

Comme si c'était mon habitude de débarquer couverte de saleté chez les gens… Le visage figé par le gel, j'ai réussi à articuler :

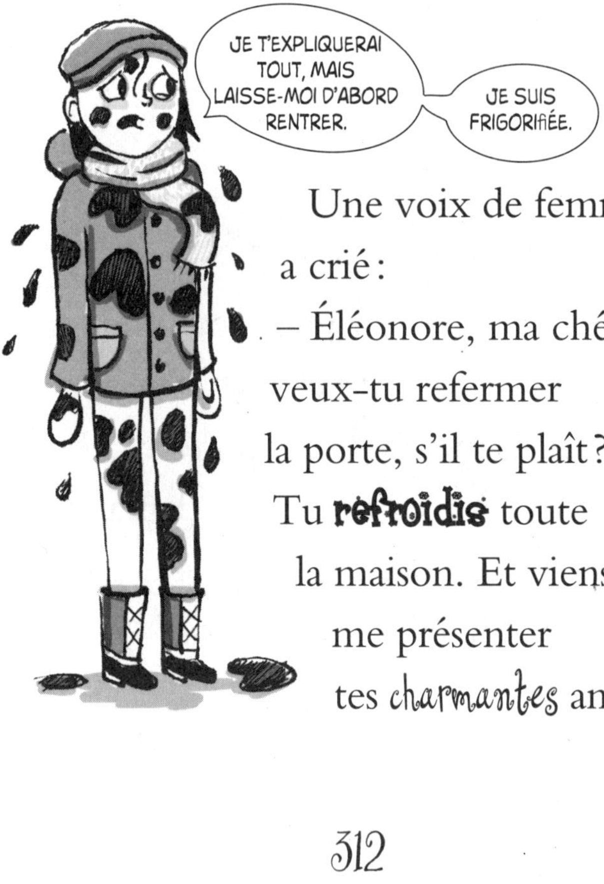

Une voix de femme a crié :

– Éléonore, ma chérie, veux-tu refermer la porte, s'il te plaît ? Tu **refroidis** toute la maison. Et viens me présenter tes *charmantes* amies.

– Maman, justement, il y a
un problème avec Alice,
a répondu Éléonore.

Madame Marquis est arrivée.
Elle a ouvert de **grands** yeux,
elle aussi. Mais quand elle a compris
ce qui m'était arrivé, elle s'est
montrée gentille et efficace.
– Pauvre de toi ! s'est-elle exclamée.
Ce n'est vraiment pas drôle !
Écoute, enlève ton manteau,
tes bas et ton pantalon dans l'entrée
pour ne pas tout salir. Je vais
te conduire à la salle de bain.

Elle m'a apporté deux serviettes
de bain et m'a prêté un pantalon qui
appartenait à sa fille. Heureusement,

ma culotte et mon beau chandail turquoise étaient intacts! Sous la douche, mes cuisses et mon visage gelés brûlaient. *Je ne me suis jamais savonnée avec autant d'énergie!* Le shampooing sentait bon la clémentine. Après avoir séché mes cheveux, je suis sortie de la salle de bain. Je me sentais toute fraîche. Le jeans d'Éléonore était trop grand, mais bon, au moins, ça me dépannait.

Le chocolat chaud que m'avait préparé sa mère a achevé de me réchauffer.

–Je peux en avoir un, moi aussi? a demandé Catherine Provencher qui venait d'arriver.

GIGI FOSTER a sonné à son tour. Elle a ricané comme une hyène quand j'ai raconté ma mésaventure. Éléonore, elle, a gardé son air dédaigneux. Quel après-midi meuh meuh, j'te jure, cher journal ! Au moins, nous sommes prêtes à présenter notre recherche, mercredi.

Lorsque papa est venu me chercher à 17 h, j'avais déjà remis mes vêtements. La mère d'Éléonore les avait lavés et séchés. Je ne sais pas comment elle a fait, mais mon pantalon est redevenu tout blanc !

Lundi 19 janvier

Dans l'autobus scolaire qui nous conduisait ce matin au Planétarium de Montréal, j'ai raconté ma mésaventure d'hier à Marie-Ève. Puis, je lui ai parlé des Crocolatos et des points Star à collectionner.

– Justement, moi aussi je voulais t'en parler ! a répondu mon amie. En rentrant d'Ottawa, hier, j'ai feuilleté le magazine *MégaStar* de février. À côté d'un article spécial Saint-Valentin sur **Lola Falbala**, il y avait une page de publicité sur la façon d'obtenir son tee-shirt en mangeant des céréales. J'ai demandé à ma mère d'acheter des Crocolatos.

On est revenus de notre sortie scolaire à midi. En début d'après-midi, monsieur Gauthier nous a demandé de composer une nouvelle poésie.

– Cette fois, je vous laisse le choix entre deux thèmes. En premier lieu, le ciel, les étoiles et les planètes, comme nous les avons vus au Planétarium. Ou alors, vous pouvez vous inspirer d'une personne de votre entourage. Un de vos amis, par exemple. Ou un membre de votre famille.

– Il faut que ça rime ? a demandé Karim.

– Oui, je voudrais que vous fassiez des vers.

À côté de moi, **GIGI FOSTER** mâchonnait son crayon d'un air de vache qui rumine. Alors, l'inspiration m'est tombée dessus. BOUM !

J'ai écrit d'une traite :

Gigi Foster est une sorcière
Elle me fait des misères
Elle me tape sur les nerfs
Elle me met en colère
Avec elle, je me sens tout à l'envers !

Gigi Foster a un sale caractère
Une langue de vipère
Des yeux qui jettent des éclairs
Des pieds qui puent le camembert
Et le cerveau d'un vers de terre.
Gigi Foster me désespère !
Qu'est-ce qu'elle peut me déplaire !

Elle est vulgaire
C'est une mégère
À la mine patibulaire.

Plus moyen de m'arrêter ! Cinq ans de frustration à me retrouver dans la même classe que cette peste faisaient courir mon crayon sur le papier. Tout le monde écrivait, même ma voisine ! Je suis repartie sur ma lancée :

Être assise à côté
de Gigi Foster
C'est l'enfer, un vrai calvaire !
Quelle galère !
Cette fille me donne
des ulcères
Et de l'urticaire.

En sixième primaire
Tout ce que j'espère
C'est que Gigi Foster
Parte au fin fond de l'univers
C'est une prière !
Ou que lors d'une guerre nucléaire
Un Martien pulvérise ses molaires
Au laser
La voilà qui tombe au fond d'un cratère
Ci-gît Gigi Foster.

Bon, je délirais complètement !
La guerre, c'est affreux. Et, en réalité, je ne souhaite aucun mal à cette fille. Je voudrais juste qu'elle change d'école. Mais j'avoue que ça fait du bien, de temps en temps, de se **défouler** ! Emportée par

mon imagination, j'avais oublié monsieur Gauthier.

Horreur absolue! Le voilà qui était penché par-dessus mon épaule... J'ai aussitôt couvert mon poème avec ma main.

– Eh bien, Alice, quelle concentration! s'est-il exclamé d'un air admiratif. C'est beau à voir! J'aimerais que tu nous récites ta poésie.

J'étais pétrifiée.

– Voyons, ne soit pas si modeste! a dit notre prof. Tu es douée en composition et tu n'as pas à en rougir! Écoute, ne te lève pas tout de suite. Tu peux prendre le temps de terminer ton texte.

– Dépêchez-vous, les amis ! a-t-il ajouté à l'attention de toute la classe. J'espère que vous êtes aussi inspirés qu'Alice, car il ne vous reste que dix minutes !

Monsieur Gauthier s'est enfin éloigné. **Fiouuu ! je l'avais échappé belle !!!** J'ai discrètement glissé ma feuille au fond de mon sac d'école et j'en ai pris une autre. Bon, il me fallait revenir sur terre, et vite ! Parce que neuf minutes et trente secondes plus tard, j'allais devoir prouver à toute la classe que j'étais bel et bien la reine des rimes… Éléonore s'est retournée. Elle m'a regardée d'un air jaloux. Elle, elle aurait adoré lire son texte à voix haute devant les autres. Bon, plus une seconde à perdre ! En détournant mon regard, je suis tombée sur les tresses d'Africa, juste devant moi. Ça a fait **TILT**.

J'ai rédigé un texte sur le **soleil** qui éclabousse la savane, les troupeaux d'éléphants, les girafes et les buffles qui viennent s'abreuver au lac, le soir, le son du tam-tam qui parvient, étouffé, du village voisin….

J'étais en pleine rédaction lorsque monsieur Gauthier a frappé dans ses mains.

– Le temps est écoulé. Alice, tu viens partager ta poésie avec nous ?

Je n'avais écrit que onze lignes. Je crois que si j'avais disposé de quelques minutes supplémentaires pour terminer mon poème, il aurait été bon. Mais là, c'était un brouillon. Ma réputation allait en prendre un coup. Éléonore allait pouvoir garder l'illusion qu'elle était la meilleure en poésie. Enfin, tout ça était bien moins grave que si monsieur Gauthier avait découvert ma première « poésie »!

Une fois devant la classe, j'ai respiré un bon coup. Quand j'ai eu terminé ma lecture, j'ai relevé les yeux.
– C'est bien Alice, continue, a dit monsieur Gauthier pour m'encourager.

– Mais c’est fini.

Il s’est étonné :

– Déjà ?! Comme c’est étrange… J’aurais juré que ton texte était beaucoup plus long. Et puis, tu n’y parlais pas d’un cratère ? Ne s’agissait-il pas du Kilimandjaro ?

– Euh ! oui. Finalement, j’ai effacé ce bout de texte parce que ça ne rimait pas.

Notre enseignant a déclaré :

– Écoute, Alice, le thème que tu as choisi est très chouette, le début était prometteur, mais la suite a été expédiée à la hâte. Je te mets quand même 7,5/10. Éléonore, viens-tu nous lire ta poésie ?

Éléonore, qui avait composé un poème sur la constellation de la Grande Ourse, a obtenu 9,5/10. En revenant à sa place, elle m'a jeté un regard supérieur.

Alors qu'on sortait de la classe, Africa est venue me parler:

– Merci, Alice, de m'avoir choisie! Moi, j'ai bien aimé ta poésie. Elle m'a fait rêver à l'Afrique. Mes parents ont immigré à Montréal quand maman était enceinte de moi. Depuis, on n'est pas retournés dans notre pays. Mais un jour, c'est sûr, je voudrais aller au Sénégal!

Je comprenais mon amie. C'est comme si je n'avais jamais pu

aller en Belgique, le pays de ma mère. Heureusement, j'y passe parfois mes **vacances**. J'ai dit à Africa :

– Je te le souhaite ! En tous cas, mon oncle Alex dit que l'Afrique est un continent fascinant. Moi aussi, j'aimerais le découvrir un jour.

En descendant l'escalier, Marie-Ève m'a demandé :

– Pour une fois, tu n'étais pas inspirée pour ta poésie ?!

– Oh si, je l'étais ! ai-je soupiré. Beaucoup trop, d'ailleurs. C'était ça le problème...

Intriguée, elle a froncé les sourcils. Je lui ai dit :

– Ce n'est pas possible de t'expliquer ça maintenant. Je te raconterai tout ce soir au téléphone.

Ma meilleure amie devait se demander ce qu'il pouvait bien y avoir de si mystérieux dans cet exercice de poésie !

– Bon, à tout à l'heure, alors, a-t-elle dit en se dirigeant vers le local d'étude. Mais n'oublie pas de m'appeler, Alice ! Je veux tout savoir ! TOUT !

Ce soir, on finissait notre repas quand le cellulaire de papa a sonné.

– Allô ! a-t-il dit en décrochant. Ah, bonsoir Sabine !

Il s'est levé et a quitté la cuisine.

– Pas encore sa nouvelle chef ! a soupiré maman. Ça fait trois fois qu'elle téléphone à l'heure du souper ! Décidément, je la trouve **envahissante** !

Papa est revenu à table. Après avoir **englouti** son dessert, il est sorti de la pièce.

– Mais, où est-il encore passé ? a demandé maman. Ça, c'est **trop** fort ! J'ai préparé le repas ; je m'attends à ce qu'il fasse la vaisselle ! Marc ! Maarc ! Maaaarc !

– Je suis à l'ordinateur ! a crié papa du bureau.

– Comment ça, à l'ordinateur ?! s'est étranglée maman. Et la vaisselle ?

Papa est revenu dans la cuisine.
– Ne me parle pas sur ce ton, Astrid! a-t-il répliqué. Déjà que j'ai dû supporter la voix percante de Sabine Weissmuller pendant notre rencontre au restaurant avec l'équipe! Ma journée a été éprouvante. Je pensais au moins qu'à la maison, je pourrais me détendre!

Au lieu de plaindre son pauvre chéri, maman a rétorqué aussi sec, comme si elle lui renvoyait la balle de tennis à *200 km à l'heure* lors de la finale d'un championnat:
– Eh bien moi, Marc, je n'ai pas eu l'honneur de manger au restaurant avec ta directrice! À la place, je me

J'AI PLEIN DE DOSSIERS QUI M'ATTEN…
EN PLUS, J'AI LAVÉ LES CARRELAGES !

suis occupée de Zoé qui commence à faire ses dents. Pendant sa sieste, j'ai repassé les chemises de monsieur et préparé une sauce à spaghetti! Et je devrais, en plus, me taper la vaisselle tandis que monsieur, lui, il passe son temps à l'ordinateur?!

Aïe, aïe, aïe! La conversation virait vraiment à la dispute!

– Sabine Weis..., a protesté papa.

Maman l'a coupé.

– J'en ai assez de ta Sabine Weissmuller! Dès que j'ai un reproche à te faire, tu t'esquives en rejetant la faute sur ta boss!

Ma mère est **susceptible** ces derniers temps. Elle s'occupe toute la journée de notre bébé chéri. Elle a beau l'adorer comme la prunelle de ses yeux, je vois qu'elle est très fatiguée. Et je crois aussi qu'elle s'ennuie un peu de son travail. Quant à papa, il a perdu son sens de l'humour. Caro est sortie discrètement de la cuisine. Moi aussi, je me suis éclipsée.

Maman m'a rappelée :

– Alice, viens faire la vaisselle avec ton père ! Je vais donner le bain à Zoé.

Et moi qui avais encore un devoir de maths à terminer et notre recherche à étudier… Et Marie-Ève ! J'avais promis de lui téléphoner !

Mais bon, pas moyen d'échapper
à la vaisselle…

En essuyant le saladier, j'ai demandé à mon père :
– Elle est si terrible que ça, ta nouvelle chef ?
– Ça dépend des jours, a-t-il répondu. Quand il s'agit de préparer une rencontre avec des clients, elle est **redoutable** !
– C'est un peu comme Cruella ? me suis-je informée.
– Cruella ? a répété papa.
– **CRUELLA D'ENFER**, tu sais, l'horrible femme qui vole les chiots dans le film *Les 101 Dalmatiens*.

– Oui ! s'est exclamé mon père. C'est un peu ça, ma puce ! Sabine Weissmuller se transforme parfois en une véritable Cruella ! **Cruella Weissmuller**… Excellent !

J'ai failli dire à papa que chacun a sa Cruella, dans la vie, et que la mienne me persécute tous les jeudis à l'école. Mais je me suis retenue. Je ne sais pas comment il aurait réagi. Quand j'y pense, j'aurais très bien pu mettre, dans ma poésie :

Gigi Foster
C'est la fille de Sabine Weissmuller
Et la nièce de Cruella d'Enfer !

Le téléphone a sonné.

– Alice, c'est pour toi ! a crié Caroline. C'est Marie-Ève !

– Vas-y ma puce, m'a dit papa. Je terminerai la vaisselle.

Pas question que ma sœur surprenne notre conversation. Je me suis donc réfugiée au sous-sol.

– J'ai attendu ton coup de fil, Alice. Je finissais par me demander si tu ne m'avais pas oubliée, m'a dit mon amie.

– **Mais non!** ai-je répondu en me laissant tomber sur le vieux sofa. On a mangé, mes parents se sont disputés, et j'ai dû faire la vaisselle avec mon père.

– Oh, j'espère que ce n'est pas trop grave ! s'est inquiétée Marie-Ève. Ils ne vont pas se séparer, quand même ?

– J'espère bien que non !

Cette **idée** n'avait jamais effleuré ma pensée. Quand même, on ne se sépare pas à cause d'un coup de téléphone au milieu du repas et de quelques casseroles et plats à laver !

– Bon, vas-tu enfin m'expliquer le mystère qui entoure ta poésie ? a demandé mon amie.

– D'accord ! À condition que tu me jures de ne rien dire, ni à **GIGI FOSTER** ni à personne !

– À Gigi ! Pour qui tu me prends, Alice ? Je ne parle jamais à cette fille !

– OK, ai-je dit. Eh bien, j'ai écrit un poème sur elle !

– Sur Gigi ! Tu **blagues** ou quoi ?

– Pas du tout.

– Mais, Alice, tu as toujours détesté cette fille ! Depuis quand elle t'inspire ?

– Écoute, Marie-Ève, tu n'as aucune raison d'être jalouse ! Quand tu entendras ma poésie, tu comprendras que ce n'est pas demain que **GIGI FOSTER** te volera la place de « meilleure amie » dans mon cœur !

Marie-Ève n'y comprenait plus rien.

– Ta poésie, elle faisait le portrait d'Africa et non de Gigi…

– J'ai commencé à écrire sur Gigi Foster, ai-je expliqué. Comme c'était impossible de lire ce poème en classe et de le remettre à monsieur Gauthier – tu comprendras bientôt pourquoi – j'ai caché mon premier texte. Je me suis dépêchée d'en composer un autre sur Africa. Mais comme je ne disposais que de très peu de temps, il n'était pas terminé, pas relu, pas révisé, bref pas fameux!

– Et la poésie sur Gigi, elle était fameuse, elle?

– Dans un sens, je crois que oui.

J'ai entendu quelqu'un descendre l'escalier. La porte du sous-sol s'est ouverte. Maman a demandé:

– Alice, viens ranger le **bazar** dans ta chambre !

– J'arrive, ai-je répondu.

À l'autre bout de la ligne, Marie-Ève s'impatientait :

– Et alors, tu me le lis, ce **chef-d'œuvre** ?

– Désolée, ma mère m'appelle. D'ailleurs, je préfère que tu la découvres toi-même, ma première poésie. Je te la passerai discrètement à l'école.

Mon amie a soupiré :

– Bon, puisque je n'ai pas le choix… Mais tu as vraiment piqué ma curiosité au vif, Alice ! Essaie au moins d'arriver tôt, demain.

– Promis, Marie-Ève. Bonne nuit !

Mardi 20 janvier

Ma meilleure amie m'attendait de pied ferme sous l'érable. Elle était seule.

– Bonjour, Alice ! Vite, passe-moi ta poésie !

Quand mon amie a eu terminé sa lecture, elle s'est exclamée :

– **Wow**, Alice ! Elle n'est pas fameuse, ta poésie, elle est géniale ! Quel talent !

C'est alors que, comme un diable hors de sa boîte, **GIGI FOSTER** a surgi devant nous !

– Qu'est-ce que vous lisez de si intéressant ? a-t-elle demandé.

– Oh rien, rien du tout ! a répondu Marie-Ève en repliant prestement la feuille. Ça ne te regarde pas !

Avant que mon amie n'ait eu le temps de glisser mon poème dans sa poche, Gigi Foster s'en est emparée et s'est enfuie. **Horreur absolue !** Marie-Ève et moi, on s'est précipitées à ses trousses.

– Rends-moi cette feuille ! Tu n'as pas le droit ! a crié Marie-Ève.

Manque de chance, Gigi court très vite. C'est toujours elle qui fait gagner son équipe dans les courses à relais. **Cependant, il était hors de question d'abandonner** ! Il fallait à tout prix récupérer mon texte, sinon mon ennemie publique n° 1 allait me ratatiner, m'écrabouiller, me pulvériser…

J'avais fait un tour complet de la cour sur les talons de Marie-Ève et loin derrière Gigi Foster quand quelqu'un a crié derrière moi :

– Vous jouez avec Gigi ?

C'était Karim. Hors d'haleine, j'ai répondu :

– Pas du tout ! Elle a volé ma feuille !

Karim a demandé :

– Et elle est importante, cette feuille ?

– Très importante ! S'il te plaît, Karim, aide-nous à la reprendre !

Karim a piqué un sprint. Dès que Gigi Foster s'est aperçue que son nouveau poursuivant était plus rapide que Marie-Ève et moi, elle s'est mise à **zigzaguer** pour le semer. Karim maintenait la cadence. L'espace entre eux diminuait, mais pas assez à mon goût.

À bout de souffle, j'avais ralenti le pas. Mais quand **GIGI FOSTER** est passée à quelques mètres de moi, je me suis précipitée sur elle. Pour m'éviter, elle a fait un écart. Miracle! Elle s'est étalée de tout son long sur la patinoire que les élèves font à force de glisser toujours au même endroit. Avant que Gigi Foster ne reprenne ses esprits, Karim, rapide comme une flèche, lui a arraché la feuille pliée qu'elle tenait encore à la main. Il me l'a apportée avec un beau sourire.

SI JE NE M'ÉTAIS PAS RETENUE, JE L'AURAIS EMBRASSÉ !

La cloche a sonné. Karim m'a fait un clin d'œil, puis s'est éloigné pour aller chercher son sac d'école. Marie-Ève avait le feu aux joues d'avoir couru si longtemps. Mon **cœur** battait très fort… Entretemps, Gigi s'était relevée. Tout en se frottant le dos, elle nous a jeté **un regard noir**.

– Vous me le paierez ! a-t-elle lancé d'un ton menaçant.

Marie-Ève n'en revenait pas.

– Tu n'as vraiment pas **exagéré** dans ton texte ! m'a-t-elle assuré alors qu'on grimpait l'escalier. Quelle peste, celle-là ! Tu sais, je voudrais relire ta poésie, mais pas ici, c'est bien trop risqué. Tu me la prêtes pour que je puisse la lire à l'aise chez moi ce soir ? Je te la rendrai demain.

Je la lui ai passée discrètement. Après l'avoir pliée en huit, elle l'a glissée dans la poche intérieure de son manteau qui ferme avec une **fermeture éclair**. Mon texte était en sûreté.

Bon, cher journal, il se fait tard. Je vais répéter une dernière fois mon texte pour notre présentation sur les mygales, et puis je me couche.

Mercredi 21 janvier

Notre présentation s'est bien passée. Monsieur Gauthier nous a donné 9/10. Mais je ne veux plus JAMAIS entendre parler de mygales ! Quant à ma « poésie », Marie-Ève l'a oubliée dans sa chambre. Elle me la rapportera demain.

Cet après-midi, madame Duval avait organisé un parcours de huit étapes dans le gymnase. Elle a désigné des équipes de quatre. Je me suis retrouvée avec Jade, Africa et…

Gigi Foster. Décidément… Après avoir fait deux roues sur le tapis, mon équipe et moi, on a couru vers l'étape suivante. Il fallait grimper à la corde attachée au plafond. Jade s'est hissée en haut, puis elle s'est laissée glisser jusqu'au sol. Pas étonnant, elle fait partie du club Gymnix et a déjà participé à des compétitions. L'exercice n'a posé aucun problème non plus pour la grande Gigi Foster.

Après les avoir complimentées, madame Duval m'a dit :

– À ton tour, Alice.

J'ai commencé à grimper, mais c'était vraiment difficile. La prof m'a encouragée :

– Oui, serre bien la corde avec tes mains et monte tes pieds ensemble. Voilà ! Maintenant, déplace une main après l'autre. Continue comme ça, Alice !

Elle s'est dirigée vers une autre équipe. Je me trouvais seulement à mi-hauteur, mais pour moi, c'était déjà très haut. J'ai eu la **mauvaise** idée de regarder en bas. **Horreur absolue !** Ça m'a donné le vertige. Et j'ai vu Gigi Foster saisir l'extrémité de la corde. Elle a commencé à la secouer ! Je me suis agrippée désespérément à la corde pour ne pas tomber. Terrorisée, je me balançais à trois mètres du sol. Je me suis rappelé qu'hier, **GIGI FOSTER** avait promis de se venger.

– Arrête, Gigi ! a crié Africa. C'est pas drôle ! Tu vois bien qu'Alice a PEUR !

Gigi Foster a lâché la corde. J'en ai profité pour descendre, mais je l'ai fait si vite que la corde m'a écorché les mains.

Madame Duval, qui était accourue, a demandé :

– Que se passe-t-il, les filles ?

– Gigi a remué la corde pendant qu'Alice grimpait ! a expliqué Africa. Elle aurait pu tomber !

– Je voulais juste plaisanter ! s'est défendue la coupable.

– On sait que tu es **bonne** en éducation physique, Gigi, a déclaré la prof. Mais ça ne te donne en aucun cas le droit d'adopter **un comportement dangereux** ! Bon, on reprend tous là où on en était. À toi de grimper, Africa.

Je **DÉTESTE** Gigi Foster ! Je vais compter les jours avant le changement de place en classe : 10…

Jeudi 22 janvier

9… J'ai tellement de choses à te raconter, mon cher journal !

Ce matin, quand Marie-Ève m'a remis ma poésie clandestine, je l'ai rangée dans mon sac. Pendant que monsieur Gauthier nous parlait de notre système solaire, j'ai pris la décision de jeter l'original de ma poésie, puisque je l'avais recopiée dans tes pages, cher journal. Mais pas question de m'en débarrasser à l'école. *Je préférais attendre d'être à la maison. C'était plus sûr.*

Au lieu de nous donner cours à 9 h 30, comme tous les jeudis, **Cruella** est venue en classe à la dernière période de l'après-midi. Elle nous a demandé d'ouvrir notre livre à la page 72. Sujet :

les moyens de transport. Déjà que ça ne me passionne pas en français, mais alors en anglais... Cependant, je sentais que Cruella m'avait à l'œil. Je m'efforçais de suivre la leçon : *The yellow car rides on the road. The big airplane flies in the sky.*

Tout à coup, la prof s'est arrêtée net. TIC-TIC-TIC-TIC-TIC, TIC-TIC-TIC-TIC, elle s'est mise en marche. Ma parole, elle fondait vers moi ! **Au secouuurs!** Qu'est-ce que j'avais bien pu faire de mal ? Arrivée à côté de mon bureau, elle s'est accroupie et... Oh non! C'était un mauvais rêve, ce n'était pas possible !!! Ce qu'elle brandissait, c'était ma poésie sur Gigi

Foster pliée en huit ! Elle avait dû tomber de mon sac quand j'avais sorti mon manuel d'anglais.

– À qui appartient ce papier ? a-t-elle demandé.

– Euh ! c'est à moi, ai-je répondu d'une voix de mourante.

– Je suppose qu'il s'agit encore d'un message **stupide** destiné à une de tes copines ?

– Pas du tout, ai-je rétorqué en tendant la main pour reprendre ma feuille. C'est un texte, un texte… de français.

Après tout, c'était vrai !

– Et il parle de quoi, ce texte ? a demandé Cruella en me souriant d'un air perfide.

Je l'ai suppliée.

– S'il vous plaît, madame, rendez-moi ma feuille !

Faisant la sourde oreille, elle a commencé à déplier mon papier.

Un cri a jailli du fond de la classe :

– Aïe, je saigne !

C'était Marie-Ève. Elle a accouru et a agité son doigt ensanglanté devant Cruella. Celle-ci est devenue toute pâle.

– Comment t'es-tu blessée ? a-t-elle demandé.

– Sur le métal de la chaise ! a répondu mon amie d'une voix PANIQUÉE. Mon doigt s'est accroché. J'ai mal, j'ai mal !

Une goutte de sang s'est écrasée sur le sol. Madame Fattal s'est ressaisie.
– Quelle idée ! Si au moins vous restiez tranquilles, ce genre de choses n'arriverait pas. Bon, je t'amène chez la secrétaire.
– Oh, je me sens mal ! a gémi Marie-Ève. Je crois que je vais tomber dans les pommes.
CRUELLA s'est impatientée.
– Voyons, Marie-Ève, fais un petit effort ! Jonathan et Eduardo, soutenez-là. Toi, Africa, prends place à mon bureau. Tu surveilleras la classe durant mon absence.

Ma meilleure amie pleurait. Cruella, qui tenait toujours mon texte

à la main, a planté ses yeux dans les miens. Elle a susurré :

– Tu ne perds rien pour attendre, Alice Aubry ! On se retrouve tout à l'heure !

Elle a déposé ma feuille pliée en quatre sur son bureau.

En ouvrant la porte, elle a ajouté :
– En attendant mon retour, prenez votre cahier de brouillon. Formulez six phrases originales qui contiennent chacune un moyen de transport.

Pauvre Marie-Ève ! Elle avait vraiment l'air d'avoir très mal. Quelle coïncidence, quand même ! Grâce à elle, j'avais été sauvée. Du moins, momentanément, car lorsque l'enseignante d'anglais allait revenir en classe, il n'y avait aucun doute qu'elle la lirait, cette satanée poésie. Si, au moins je parvenais à la récupérer en douce sur le bureau du prof! C'était **UNE MISSION IMPOSSIBLE**, car Africa était bel et bien assise devant la classe. Elle rédigeait consciencieusement le devoir que Cruella nous avait donné. Quant à Gigi, elle m'épiait. **J'étais prise au piège. Qu'allait-il m'arriver ?**

Cruella, Jonathan et Eduardo sont revenus sans Marie-Ève. La prof a renvoyé Africa à sa place et s'est assise à son bureau. Plongeant ses yeux dans les miens, elle a achevé de déplier ma feuille et a commencé à lire. C'était le pire moment de toute ma vie ! **Cruella** a froncé les sourcils. Elle m'a dit :

– Alice Aubry, si tu mettais autant d'application à étudier ton anglais qu'à perfectionner ton français, tu deviendrais une bonne élève. Si, je t'assure ! Te rappelles-tu au moins comment on dit le verbe travailler en anglais ?

Stupéfaite, j'ai répondu :

– Euh !... *to work ?*

– Bien, Alice, a-t-elle dit.

Elle a chiffonné ma feuille et l'a lancée dans la poubelle. Puis, elle a demandé :

– Qui a construit de belles phrases avec les mots *bicycle, car, school bus, truck, airplane* et *boat* ?

Quoi, Cruella qui ne rate aucune occasion de m'humilier devant la classe n'a pas réagi en lisant les horreurs que j'avais écrites sur Gigi Foster ?! Je sais bien que cette fille ne fait pas partie de ses chouchous, mais tout de même. Je n'y comprenais rien…

La cloche a sonné. Je me suis dépêchée de ranger mes affaires. Pas question de récupérer ma poésie dans la poubelle, puisque Cruella était encore assise à son bureau. Et c'est elle qui ferme la porte de la classe à clé dès que tous les élèves sont sortis. Plus tard, le concierge viendrait vider la poubelle. Je suis allée chercher Caroline à l'entrée de l'école et on est sorties.

C'est seulement dans la rue que j'ai commencé à y croire. J'étais sauvée !

Mais par quel miracle ? Ça, je n'en avais aucune idée.

Mon père vient d'entrer dans ma chambre. Il me demande de mettre la table. La suite au prochain épisode.

20 h 05. Maman est venue border Caro. J'ai allumé la lampe de mon bureau. Me voilà prête, cher journal, à te raconter la fin de cette **incroyable** aventure. *Maintenant, quoi qu'il arrive, je ne m'arrête plus.*

Donc, maman servait le pâté chinois quand le téléphone a sonné. Papa a répondu.

– C'était Marie-Ève, a-t-il déclaré en s'assoyant à table. Je lui ai dit que tu la rappellerais après le repas.

Oh, Marie-Ève ! Avec toutes ces émotions, je l'avais oubliée, elle et son doigt sanguinolent !

Je me suis dépêchée de terminer mon assiette. J'ai prétexté ne plus avoir faim pour le dessert. S'il y avait eu de la mousse au chocolat, j'aurais pris le temps de la déguster, mais comme c'était de la crème de soya à la vanille, le sacrifice n'était pas très grand...

Notre maison, au 42, rue Isidore-Bottine
Mon chat s'est caché sous le sofa.
Moi, au téléphone avec ma best!

Je suis descendue au sous-sol pour pouvoir parler tranquillement à mon amie.

– Alice ! s'est écriée Marie-Ève à l'autre bout du fil. J'avais hâte de t'entendre ! Comment vas-tu ?

– Moi, ça va, et toi ? Ton doigt a beaucoup saigné ? As-tu encore mal ?

– Un peu. Écoute, je n'avais pas le choix ! Il fallait faire quelque chose pour te tirer de ce mauvais pas. D'abord, c'était moi qui t'avais demandé d'emprunter ta poésie sur **GIGI FOSTER**. Et ensuite, si je te l'avais rendue hier, comme promis, tout ça ne serait pas arrivé. Je ne voulais pas que tu aies de **graves ennuis** par ma faute.

– Comment ! me suis-je exclamée. Ta blessure, ce n'était pas un hasard ? Tu ne t'es quand même pas coupée exprès pour moi ?!

– Non, rassure-toi ! a répondu mon amie. Mais quand j'ai vu que Cruella était sur le point de lire ta poésie et que ça allait mal tourner, je me suis rappelé le bobo que je m'étais fait ce matin en coupant du fromage. Pour que le sang arrête de couler, j'avais mis un pansement. Alors, en classe, je l'ai arraché d'un coup sec. Comme il collait un peu à la plaie, elle s'est rouverte. J'ai pressé ma blessure pour qu'elle recommence à saigner. Et je me suis précipitée juste à temps vers Cruella.

D'une voix étranglée par l'émotion, j'ai dit :

– Oh, Marie-Ève, je n'en reviens pas que tu aies fait ça pour moi ! **Tu as dû souffrir !**

– Pas tant que ça, a répondu mon amie. J'ai fait semblant de me sentir mal pour que **Cruella** s'occupe de moi de toute urgence et oublie ton papier. Mais bon, ce n'est pas tout ! Raconte-moi ce qui s'est passé lorsque la prof est revenue en classe. Avais-tu réussi à *subtiliser* ta feuille sur son bureau ?

– Non. Quand Cruella a lu mon texte, je m'attendais à ce qu'elle fonde sur moi toutes **griffes** dehors ! Mais à la place, elle est devenue douce comme un agneau. Enfin, j'exagère, mais elle m'a demandé comment on dit « travailler » en anglais…

– Ça n'a pas rapport !!!

– Tu as raison. Elle a déclaré que si je travaillais aussi fort en anglais qu'en français, je deviendrais une bonne élève. Tu te rends compte, Marie-Ève !!! C'est bien la première fois qu'elle me fait un compliment ! Elle a jeté ma poésie à la poubelle et a recommencé son cours, comme si de rien n'était.

– Eh ben ! s'est exclamée Marie-Ève, interloquée. Oh, Alice ! imagine, si tu avais été renvoyée de l'école… Qu'est-ce que je serais devenue,

moi, sans ma meilleure amie?
C'est quand même pas Gigi qui aurait pu te remplacer!
– Je l'espère bien! Ni Éléonore!
– Certainement pas!

On s'est mises à rire comme des folles! On aurait dit que tout le stress accumulé sortait enfin!

Vendredi 23 janvier

8… Ce matin, Africa m'a rejointe sous l'érable.

De la poche de son manteau, elle a tiré un papier plié. Je l'ai ouvert et j'ai lu : « **GIGI FOSTER** est une sorcière… » Oh non ! Cette fichue poésie allait-elle, comme une malédiction, me poursuivre jusqu'à la fin des temps ?

– Tu n'as pas l'air très contente de la récupérer, ta feuille, a constaté Africa, d'un air légèrement déçu. Elle n'était pas si importante, finalement ?
– Oh si ! Tu as bien fait de me la remettre ! Merci ! Mais je suis juste très étonnée. Cru… Euh ! madame Fattal avait jeté mon texte. Tu l'as récupéré dans la poubelle ?

– Pas du tout, a répliqué Africa. Hier, tu semblais très mal à l'aise quand madame Fattal a trouvé ton papier. Je me suis dit qu'il contenait sûrement des choses qu'elle ne devait absolument pas lire. **Peut-être des remarques pas très gentilles sur elle.** Je t'aurais comprise, Alice, parce qu'elle est toujours injuste avec toi. Alors, quand elle m'a demandé de m'asseoir à son bureau pour surveiller la classe, j'ai saisi cette occasion pour t'aider. J'ai ouvert mon cahier de brouillon. Au lieu dc mc mcttrc tout de suite à l'exercice d'anglais, j'ai conjugué le verbe « travailler » au présent, à l'imparfait et au futur simple.

J'ai arraché discrètement la feuille. Je l'ai pliée et dépliée plusieurs fois pour qu'elle ressemble à la tienne. Après avoir **dissimulé** ton papier dans la poche de mon jeans, je l'ai remplacé par ma feuille de conjugaison. Ensuite seulement, j'ai commencé le devoir d'anglais. Au moment où la prof a lu ma feuille, j'ai eu PEUR qu'elle reconnaisse mon écriture. Heureusement, elle n'a rien remarqué d'anormal.

Tout s'éclairait !

J'étais à la fois stupéfaite et remplie d'admiration. Pour m'éviter une punition, Africa avait fait preuve d'audace et d'ingéniosité.

– Oh, merci Africa ! me suis-je exclamé. Tu es un chou ! Et mon texte, tu l'as lu ?
– Bien sûr que non ! Et je n'ai rien dit à personne. Je sais garder un secret !
– À propos de secret, je vais t'en confier un. Non seulement tu m'as aidée, mais tu m'as sauvé la vie !

Africa a eu l'air très impressionnée. La cloche a sonné. Tiens, Marie-Ève n'était toujours pas là ?

Elle est arrivée en classe au moment où monsieur Gauthier allait fermer la porte. Bon, moi je me retrouvais avec cette poésie diabolique en poche… J'avais failli me faire prendre à plusieurs reprises à cause d'elle. Mais là, j'étais déterminée à en finir une fois pour toutes! Bien sûr, je pouvais m'en débarrasser à la maison. Par contre, j'avais PEUR qu'entretemps, **GIGI FOSTER** ne s'en empare…

Alors, quand la cloche de la *récré* a sonné, j'ai *filé* aux toilettes. J'ai déchiré cette feuille en mille morceaux. Après les avoir lancés dans la cuvette, j'ai tiré la chasse d'eau. Enfin libérée du **mauvais** sort, j'ai dévalé l'escalier jusqu'à la cour. J'avais hâte de dévoiler la clé du *mystère* à Marie-Ève.

Samedi 24 janvier

7… Un bol rempli de Crocolatos au déjeuner, c'est très copieux. Du coup, ce midi, j'ai laissé la moitié de mon sandwich. Je me suis rattrapée à l'heure de la collation, avec des Crocolatos, évidemment! La première boîte est terminée.

Après avoir découpé les 5 points Star, je les ai rangés dans le tiroir de mon bureau. Il faut absolument qu'on arrive à manger suffisamment de céréales avant que l'offre ne prenne fin!

Alors, ce soir, après la lasagne, je me suis levée pour aller chercher la deuxième boîte de Crocolatos.

– Moi aussi, j'en veux ! a déclaré Caro.

Maman a protesté.

– Dites, les filles, il y a de la salade de fruits pour le dessert ! Il ne faut tout de même pas exagérer, avec vos Cracoucas !

– Cro-co-la-tos ! ai-je rectifié.

Dimanche 25 janvier

6…

Lundi 26 janvier

5…

Mardi 27 janvier

4… En rentrant de l'école, on a trouvé deux cartes postales sur le comptoir de la cuisine.

– Des nouvelles d'oncle Alex! s'est écriée Caroline.

En effet, ma sœur avait raison. Sur ma carte, on voyait un oiseau trop mignon. Je l'ai retournée.

Chère Alice,

Cet oiseau s'appelle un kiwi. Il vit uniquement en Nouvelle-Zélande. Il n'est pas capable de voler. Malheureusement, il est en voie de disparition.

Un Kiwi (trop mignon!)

La Nouvelle-Zélande est aussi un grand producteur de kiwis (fruits) ! Le sujet de mon reportage pour le magazine Autour du monde est le peuple Maori.
J'ai vécu pendant dix jours dans un village maori au pied des volcans. Comme la Nouvelle-Zélande se trouve dans l'hémisphère Sud, c'est le plein été, ici !
Gros bisous,
Oncle Alex.

Le plein été ?! Incroyable ! Et dire qu'ici on est en pleine tempête de neige !

Mercredi 28 janvier

3... En rentrant de l'école, j'ai demandé à maman si elle avait passé une bonne journée.

– Oui, merci Biquette, une journée bien occupée. Je suis allée au centre commercial pour...

– Au centre commercial?!

Mais maman, ça fait des siècles que je te demande d'y aller! Pourquoi ne m'as-tu pas attendue? Tu te rappelles, quand même, que je voulais acheter un disque?!

– Bien sûr, cependant, je ne pouvais pas t'attendre. La promotion de 50 % sur les pyjamas de bébés se terminait aujourd'hui.

– On aurait pu y aller après l'école!

– Pour être coincées dans l'embouteillage de l'heure de pointe ! **Non merci !**

Me précipitant vers l'escalier, j'ai crié, un **sanglot** dans la voix :
– Alors, on n'ira jamais !

Maman m'a suivie jusqu'à ma chambre.
– Calme-toi, Alice. Ce ne sera plus nécessaire d'y aller, en effet. Après avoir acheté deux pyjamas pour Zoé, je suis passée chez le disquaire. J'ai trouvé ton disque de Laïla Chabada.

Laïla Chabada ?
– De Lola Falbala, tu veux dire ?!
– Oui, c'est ça. Regarde, je l'ai posé sur ton bureau.

– Oh, moumou, tu as fait ça ?! Merci ! Tu es la plus **merveilleuse** maman du monde ! Je te dois combien ?
– 19,99 $ plus les taxes.

Bref, j'ai couru mettre mon CD *Sweet Angel* dans le lecteur du salon. J'ADORE les chansons de **Lola Falbala** ! Si Cruella nous les faisait écouter en classe, mes progrès en anglais seraient fulgurants. Mais comme tu peux t'en douter, cher journal, ce n'est pas du tout son style !

Jeudi 29 janvier

2…

Vendredi 30 janvier

1… ce matin…

… et à 15 h 30, la cloche de l'école a sonné et on s'est levées, ma « voisine » Gigi et moi…

Zéro feu partez !
La fusée interplanétaire
S'envole vers Jupiter
Puis aux confins de l'univers
Avec, à son bord,
la « si chère » Gigi Foster !

Bon, je prends mes rêves pour des réalités, cher journal. Mais au moins, mon calvaire de voisine de pupitre de JJF est terminé !

Lundi 2 février

Gigi Foster est désormais à côté d'Audrey. **Bon débarras !** Et moi j'ai Jade comme voisine de classe. Quel heureux changement !

Quant à Marie-Ève, la pauvre, elle est super hyper **méga frustrée** ! Pas parce qu'elle se retrouve avec Bohumil, mais parce que Simon est assis à côté d'Éléonore !

Jeudi 5 février

Ce matin, j'ai découpé les 5 points de la deuxième boîte de *Crocolatos* ! Youpi !

Dimanche 8 février

Cet après-midi, Zoé n'arrêtait pas de pleurnicher. Papa, lui, était bourru comme un ours dérangé en pleine hibernation. Il avait essayé de faire une sieste, mais les cris de son bichon l'en avaient empêché. Moi, j'ai glissé mon disque de Lola Falbala dans le lecteur CD du salon. Je me suis calée dans le sofa.

D'un bond, mon chat est venu me rejoindre. J'ai caressé son beau poil noir en fredonnant *Sweet angel.* Dehors, il avait commencé à neiger. Le rythme de la troisième chanson, *I am wild,* est vraiment entraînant! Un peu trop d'ailleurs pour mon doux Grand-Cœur. Il est descendu de mes genoux et s'est éloigné. Alors, n'y tenant plus, j'ai bondi sur mes pieds et je me suis mise à danser. Caro m'a rejointe. On a tourbillonné toutes les deux. À la fin de la quatrième chanson, j'étais en nage !

J'aurais bien avalé toute une bouteille de Citrobulles, mais maman n'en achète jamais, sauf aux fêtes... J'te jure, cher journal, que des fois, j'envie les autres dont la mère n'est pas diététiste ! Dans la cuisine, maman finissait d'allaiter Zoé. Je me suis versé du jus d'orange. Mon père, qui pelait des pommes

de terre, s'est lavé les mains. Il a tendu les bras à notre bébé chéri.
– Viens, mon bichon ! C'est papa qui va te faire faire ton roudoudou ! (Traduction : ton rot !)

Une fois assise sur ses genoux, Zouzou a recommencé à pleurer.
– Pfff… a soupiré papa en la redonnant à maman. Elle est vraiment difficile, *ta* fille !
– Elle n'est pas difficile, a rétorqué maman. Elle fait ses dents, la pauvre !
– Écoute Astrid, ça fait un mois que tu nous répètes qu'elle fait ses dents ! Tu lui trouves toujours une excuse. Tu ne veux tout simplement pas

admettre que ce **bébé** est plus difficile
que ses sœurs au même âge.
– Plus difficile ?! Mais pas du tout, Marc ! Tu ne te souviens pas de la poussée dentaire de Caroline ?! Sans compter les coliques d'Alice !
– C'est incroyable, il faut toujours que tu aies raison !

Zoé s'est mise à **hurler**. J'ai avalé mon jus et je suis montée dans ma chambre.

Décidément, cher journal, la moindre discussion de mes parents vire à la **chicane**…

LUNDI 9 FÉVRIER
UNE TEMPÊTE AVAIT LAISSÉ UNE ÉPAISSE COUCHE DE NEIGE. À L'ÉCOLE, LES BRANCHES DE L'ÉRABLE ÉTAIENT OUATÉES DE BLANC.
WOW !
EN CLASSE…
BRAVO, ALICE POUR TON 10 SUR 10 ! MAIS C'EST JONATHAN QUI REÇOIT LE GALET ROUGE. IL A EU 8 SUR 10 !
LE COFFRE AUX TRÉSORS DÉBORDE !
C'EST QUOI NOTRE PRIVILÈGE, M'SIEUR ?
HÉ ! HÉ !
ON LE DÉCOUVRIRA SÛREMENT DEMAIN MATIN…
À LA RÉCRÉ, KARIM A SUGGÉRÉ DE FAIRE UN BONHOMME DE NEIGE EN ÉQUIPE.
TIENS, AVEC DEUX BISCUITS DE MA COLLATION POUR LES YEUX, C'EST PARFAIT.
ON DIRAIT MONSIEUR GAUTHIER, VOUS NE TROUVEZ PAS ?
HI! HI! UN GAUTHIER DES NEIGES !

SI J'ÉTAIS À LA MAISON, JE ME PRÉPARERAIS UN BON CHOCOLAT CHAUD.
UNE SURPRISE NOUS ATTENDAIT EN CLASSE !
DU CHOCOLAT CHAUD !
YOUPI !
NOTRE MAGICIEN D'ENSEIGNANT AVAIT RÉALISÉ MON DÉSIR ! ET MA SUGGESTION DE PRIVILÈGE !
JE N'AI JAMAIS RIEN BU D'AUSSI BON !
MERCI, MONSIEUR GAUTHIER !
IL Y A MÊME DES GUIMAUVES MINIATURES !
MAIS, COMMENT AVEZ-VOUS FAIT POUR PRÉPARER CE CHOCOLAT CHAUD EN CLASSE ?
HA ! HA ! TU OUBLIES QUE JE SUIS UN MAGICIEN, SIMON !

Mercredi 11 février

Lorsque Caroline et moi on est descendues pour le souper, nos parents parlaient **FORT**. Ils avaient l'air contrariés. Papa a dit :

– Pas devant les enfants, Astrid ! On en discutera plus tard.

Heureusement, ma sœur a fait diversion en racontant qu'elle avait confectionné une carte de Saint-Valentin pour son amoureux. D'ailleurs, elle me l'a montrée après le souper. Dessus, elle avait dessiné Jimmy en Spiderman, avec des muscles très puissants. Je n'ai pas pu m'empêcher de lui faire remarquer :

– C'est pas vraiment une carte de Saint-Valentin.

– Ben oui ! a-t-elle déclaré en haussant les épaules. Regarde !

Elle a ouvert sa carte. Là, au milieu d'une multitude de petits cœurs rouges, elle avait écrit de sa plus belle écriture : « Jimmy, tu es mon amour pour toujours ! »

Eh ben, elle ose, ma sœur !

Il faut dire qu'elle ne fait jamais les choses à moitié. Marie-Ève aussi est tout excitée à l'approche de la Saint-Valentin. Elle a acheté un cœur en **chocolat** pour Simon.

20 h 48. Je m'étais installée dans mon lit avec le tome 6 des Zarchinuls. Soudain, mes parents ont commencé à discuter dans leur chambre, de l'autre côté du mur.

Discuter ou se disputer ?

Pas moyen de saisir de quoi ils parlaient, mais le ton montait. N'ayant plus envie de rire, j'ai refermé mon livre. Je relirai *Les Zarchinuls font les zouaves* un autre jour, dans de meilleures conditions.

Jeudi 12 février

J'attendais Marie-Ève sous l'érable. Karim est venu me saluer.

– Tu veux une gomme ? m'a-t-il proposé en sortant un paquet de sa poche.

– Des gommes à la cannelle ! Ce sont mes **préférées**. Merci, Karim !

À 9 h 30, Cruella est arrivée au moment où monsieur Gauthier quittait la classe. Elle a commencé à interroger Audrey, son chouchou nº 2. **GIGI FOSTER** n'arrêtait pas de me regarder. Mais qu'est-ce qu'elle me voulait, à la fin ?

Exaspérée, j'ai fini par lui tirer la langue.

– Madame, madame ! s'est-elle écriée.

– *What, Gigi ?* a soupiré la prof. Pourquoi interromps-tu Audrey ?
– C'est Alice. Elle me fait des grimaces. Et elle chique de la gomme !
– Comment ça, de la gomme ?! s'est exclamée Cruella.

Et TIC-TIC-TIC-TIC-TIC, elle a foncé sur moi comme un rapace sur sa proie !
– L'article 23 du code de l'école énonce clairement qu'il est interdit de mâcher de la gomme ! Je ne supporte pas qu'on rumine en classe ! **C'est dégoûtant !**

Assis à gauche de la classe, Karim a dit :

– Madame, c'est moi qui…
– Taratata ! l'a coupé Cruella. **Une règle est une règle !** Il est inadmissible qu'une élève de 5e année ne connaisse pas encore le code de vie !
– Excusez-moi, madame, ai-je balbutié. J'avais oublié de jeter ma gomme. Je vais aller la mettre à la poubelle.

Et je me suis levée.

– Ne crois pas t'en tirer aussi facilement ! a décrété Cruella. Je vais te faire passer une fois pour toutes l'envie de mâcher de la gomme à l'école. **Colle-la sur ton nez.** Tu la garderas jusqu'à la fin du cours.

Je suis restée sans voix. Elle blaguait ou quoi ? Mais son air déterminé m'assurait le contraire.

– La gomme sur le nez, a-t-elle répété en me regardant droit dans les yeux. Oui, tu as bien entendu. Et dépêche-toi ! On a assez perdu de temps !

J'ai pris ma gomme et je l'ai écrasée sur le bout de mon nez. Tous les regards étaient braqués sur moi. J'ai baissé la tête. *J'étais tellement gênée que j'avais envie de pleurer.* Patrick a pouffé de rire, suivi par Eduardo.

Karim m'a jeté un regard désolé. Mais il n'y pouvait rien. Au contraire,

il était super d'avoir voulu prendre ma défense. Quant à **Gigi Foster**, elle jouait à l'élève modèle. **La traîtresse !** Me dénoncer ainsi ! Et Cruella qui avait saisi l'occasion de m'humilier devant toute la classe ! Pourtant, je suis loin d'être la seule à mâcher de la gomme à l'école.

Je me sentais tellement ridicule avec cette gomme rouge qui devait me faire un nez de clown… Je mourais d'envie de l'enlever, mais je n'osais pas.

Dès que Cruella a quitté la classe, je me suis précipitée vers la poubelle pour y jeter ma gomme. En passant devant Gigi Foster, je n'ai pu m'empêcher de lancer :

– **Méchante !**

– Alice a raison, a renchéri Africa. C'est vraiment moche ce que tu lui as fait !

Karim et Marie-Ève s'en sont mêlés. Eux aussi lui ont reproché de m'avoir dénoncée.

– Que se passe-t-il, les amis ? a demandé monsieur Gauthier en arrivant en classe. C'est la révolution ?

On est restés figés comme des statues. Tout le monde me

regardait. Mais moi, je n'allais tout de même pas raconter à notre enseignant que **Gigi Foster** avait rapporté. Ni lui parler de la gomme sur mon nez, d'ailleurs ! Alors, j'ai répondu :

– Rien.

– Bon, dans ce cas, prenez votre livre de maths, s'il vous plaît.

Ce soir, en arrivant à table, papa a soupiré :

– Encore du riz…

Maman a répliqué d'un ton **sarcastique** :

– Je serais enchantée, Marc, si tu cuisinais plus souvent !

OH NON! Ça n'allait pas recommencer… On s'est mis à manger en silence. Puis, le cellulaire de papa a sonné. Aïe! Ça a toujours le don d'**énerver** maman.

– Tu n'es pas obligé de répondre, a-t-elle dit. On te laissera un message.

Mais papa a répondu. C'était Sabine Weissmuller qui avait besoin de renseignements urgents. Mon père a *filé* à l'ordinateur. Plus tard, il a fait une remarque à propos des muffins qui avaient un arrière-goût de soya. Alors là, maman a **explosé**. Caro et moi, on s'est réfugiées dans notre chambre.

Malgré la porte fermée, on entendait les mots qui volaient comme des **couteaux** à travers la cuisine.

– C'est de ta faute !

– Et pourquoi, toi, tu ne le fais jamais ?!

– J'en ai assez de tes **reproches** alors que je n'arrête pas un instant…

– Parce que moi, bien sûr, je ne fais rien !

Cette fois, c'était du sérieux… Zoé s'est mise à pleurer. Papa a encore lancé quelques phrases piquantes. Cinq minutes plus tard, on a entendu la porte d'entrée CLAQUER. Fini, les **hurlements** de notre petite sœur. Maman avait dû l'amener dehors.

– Maman et Zoé sont parties pour toujours ? a demandé Caroline.

J'ai tenté de la rassurer :

– Non, maman est allée prendre l'air pour se calmer. Elle reviendra dans quelques minutes.

Caroline a soulevé sa couette.

– Je ne trouve pas Nouf-Nouf, a-t-elle dit d'une toute petite voix.

Elle est descendue le chercher.

Quand elle est réapparue avec son cochon en peluche serré sur son cœur, elle a dit :

– Papa faisait le lit de la chambre d'amis. Je crois qu'il va dormir au sous-sol.

Au sous-sol ! Ça ne s'arrange vraiment pas... Quand nous, les enfants, on se dispute, les parents nous le reprochent et nous demandent de nous entendre. Mais eux, ils ne montrent même pas l'exemple. Que faire ? Et dire qu'après-demain, ce sera la Saint-Valentin...

Vendredi 13 février

Finalement, hier soir, j'avais le cœur si vide que je ne parvenais pas à m'endormir. La porte de notre chambre s'est ouverte. Ma mère m'a embrassée, puis très doucement, elle a passé sa main sur mes cheveux. Ça m'a donné envie de me blottir dans ses bras. J'ai réussi à ne pas exploser en sanglots et à faire semblant de dormir. Je l'ai entendue soupirer.

Après s'être penchée sur Caro, elle a quitté la chambre sur la pointe des pieds, puis le silence a recouvert la maison. Alors, le barrage a lâché. J'ai pleuré toutes les larmes de mon corps. Grand-Cœur a léché mes joues et on a dû s'endormir ensemble.

Aujourd'hui, c'était un véritable vendredi 13, cher journal! Une journée de **malchance**, **bête** et **méchante**. Ce matin, mes yeux étaient encore bouffis parce que j'avais tant pleuré, hier. Une **horreur**! Simon ne semblait pas en meilleure forme que moi. Il a demandé deux fois d'aller à la toilette. Et à la cafétéria, il avait carrément un teint verdâtre.

– Ça va? lui a demandé Bohumil.

– Pas vraiment, a répondu Simon. J'ai... j'ai mal au ventre.

Il s'est levé, a fait deux pas en direction de la porte et a vomi. **Horreur absolue!** Toutes les filles autour de lui se sont écartées en hurlant. Pour ma part, j'ai dû faire un effort suprême pour ne pas vomir moi aussi. Mais c'est Marie-Ève qui avait l'air la plus dégoûtée. Avec Éléonore, bien sûr.

En arrivant dans la cour, j'ai dit à ma meilleure amie :

– Pauvre Simon... J'imagine que ses parents sont venus le chercher chez la secrétaire. Attraper la gastro la veille de la Saint-Valentin, c'est vraiment pas de chance ! Il ne pourra pas manger de **chocolat**.

C'est alors que je me suis rappelé le cœur en chocolat que Marie-Ève voulait lui offrir discrètement à la fin des cours, cet après-midi… Je lui ai demandé :

– Et ton cœur en chocol…

– Ne me parle plus de cette idée stupide ! m'a-t-elle interrompue. Il est dégoûtant, ce gars-là ! Pire encore que Patrick ! Quand on doit vomir, on s'arrange au moins pour le faire dans les toilettes, discrètement !

– Tu penses bien qu'il ne l'a pas fait exprès !

– Même s'il n'a pas pu se retenir, je ne me suis jamais sentie aussi ridicule ! Un chum qui vomit en public… Dans ces conditions, je préfère ne pas avoir de chum !

– Mais… Je croyais que tu l'aimais.

– Je l'aimais ; tu as raison, Alice. **Maintenant, c'est fini. Sois gentille, n'insiste pas !**

Bon, je vais respecter ce que demande Marie-Ève. Mais quel dommage quand même ! Mon cœur est tout triste. À quoi ça sert d'aimer si l'amour ne dure pas… Enfin, il y a quand même deux amoureux qui sont heureux, en cette veille de Saint-Valentin. Caroline est venue me trouver sous l'érable.

– Devine quoi ? Jimmy m'a offert un cœur !

– Un cœur en **chocolat** ?

– Non, un cœur en plastique. Une boîte en forme de cœur.

Elle se trouve dans mon casier,
mais je te la montrerai tout à l'heure.
– Et toi, tu lui as remis ta carte ?
– Bien sûr ! Il était très content.
Il m'a donné un gros bisou !

À la maison, même ambiance qu'hier. Pas de musique dans le salon. Juste le hurlement du vent, dehors. J'ai le cœur serré et l'envie de pleurer me reprend. J'ai PEUR que mes parents se séparent. Peur de me réveiller demain, et que maman soit partie pour de bon. Ou alors, papa. Peur qu'on vende la maison, et que maman retourne en Belgique. Et que tous les mois, on doive prendre l'avion pour aller vivre avec elle. Et aussi, reprendre l'avion vers Montréal pour passer quelques semaines avec papa… Mais comment on s'organiserait pour l'école, alors ?

Caroline m'a fait admirer la boîte en forme de cœur rose fluo (rose cochon, dirait-elle) qu'elle a reçue de son amoureux. Elle l'a ouverte. L'intérieur est capitonné de satin rouge. Elle a placé la boîte sur sa table de chevet et y a déposé son papillon en argent.

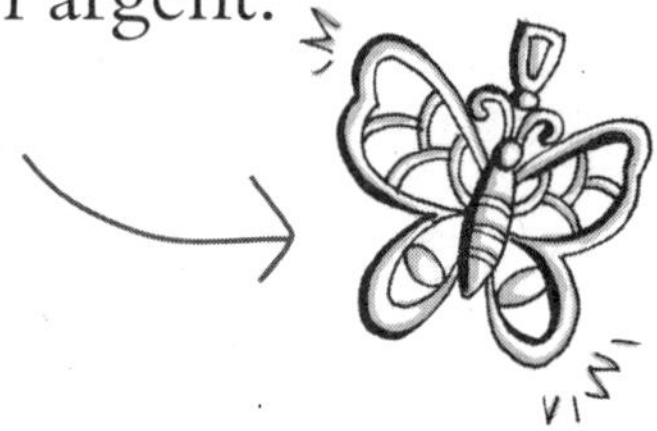

En se couchant au milieu de ses cochons, elle m'a demandé :

– Papa et maman ne s'aiment plus ?
– Euh ! si, ai-je répondu. Enfin, quand même encore un peu, j'espère.

Prise d'une inspiration soudaine, j'ai ajouté :
– Écoute, Caro. Demain, c'est Saint-Valentin. J'ai une idée.

Ma sœur a poussé Tire-Bouchon et compagnie pour me faire une place sur son lit. Je lui ai confié mon plan de sauvetage. Elle est d'accord pour y participer. À présent, elle dort depuis une heure. Moi, je vais rejoindre Grand-Cœur sur mon lit. Et je fais un vœu pour que notre projet fonctionne.

SAMEDI 14 FÉVRIER
AUJOURD'HUI, PAPA ÉTAIT RAIDE ET SÉRIEUX. MAMAN AVAIT UN AIR BUTÉ.
ÇA VA, MAMAN ?
OUI, ÇA VA BIEN.
OUPS ! MOUMOU M'A RÉPONDU D'UN TON GLACIAL…
MAMAN, JE VAIS FAIRE UN TOUR.
UNIQUE BILLET DE 20 $ DE MA TIRELIRE !
CANADA 20 $
JE VAIS EN PRENDRE UN AU CHOCOLAT.
J'ÉCRIS *BONNE SAINT-VALENTIN* DESSUS ?
TILT !
POURRIEZ-VOUS PLUTÔT ÉCRIRE *PEACE AND LOVE* ?
POURRIEZ-VOUS AJOUTER UN CŒUR ET UN SIGNE DE PAIX ?
Peace et love
COMME ÇA ?
EXACTEMENT ! MERCI !
DE RETOUR À LA MAISON, APRÈS AVOIR DISSIMULÉ LE GÂTEAU DANS MA GARDE-ROBE, JE SUIS ALLÉE MANGER. PAPA A À PEINE TOUCHÉ À SON REPAS. IL S'EST LEVÉ ALORS QU'ON N'AVAIT PAS ENCORE FINI ET IL A DIT QU'IL ALLAIT AU GARAGE FAIRE CHANGER L'HUILE.

MAMAN EST ALLÉE SE PRÉPARER POUR PROMENER ZOÉ EN TRAÎNEAU.
VOUS VENEZ, LES FILLES ?
J'AI UN MILLION DE DEVOIRS POUR LUNDI, JE NE PEUX PAS.
MOI NON PLUS.
CARO ET MOI, ON EST PASSÉES À L'ACTION !
Chers parents,
Caroline et moi, on ne veut pas se séparer ! Zoé non plus, d'ailleurs. On n'aime pas ça, les valises, sauf pour les vacances.
D'ailleurs, ça prendrait une valise bien trop grande pour déménager chaque semaine tous les cochons en peluche de Caro !
S'il vous plaît, nous vous supplions de faire la paix.
Rappelez-vous que pour nous fabriquer, nous, vos trois filles, vous avez dû être drôlement amoureux !
Bonne Saint-Valentin de vos filles qui vous aiment.
Zoé, Alice et Caroline
POUR LE SOUPER, ON A PRIS LES TROIS SAUCISSES QUI RESTAIENT DU DÎNER ET CARO A DÉNICHÉ DE LA LAITUE ET DES TOMATES POUR FAIRE UNE SALADE.

CATASTROPHE, J'AI FINI LA BOUTEILLE DE KETCHUP.
POUR UNE FOIS TU T'EN PASSERAS.
J'EN AI BESOIN ! JE VAIS EN EMPRUNTER À MADAME BALDINI.
DIX MINUTES PLUS TARD, MISS KETCHUP ÉTAIT DE RETOUR. JE PRÉPARAIS LA VINAIGRETTE QUAND MAMAN EST REVENUE…
SURPRISE ! INTERDICTION D'ENTRER DANS LA CUISINE ET LA SALLE À MANGER ! ON ATTEND PAPA.
UNE DEMI-HEURE PLUS TARD…
PAPA, MAMAN, VOUS POUVEZ VENIR !
OH ! C'EST JOLI.
C'EST LA SAINT-VALENTIN, AUJOURD'HUI ?
CARO LEUR A TENDU LA CARTE…
MES FILLES, MES FILLES, MES FILLES !!!

INSTALLEZ-VOUS, ON VA TOUT PRÉPARER.
LE GÂTEAU *PEACE AND LOVE* AU CHOCOLAT ÉTAIT DÉLICIEUX !
MIAM ! MERCI !
ON N'A PAS L'INTENTION DE SE SÉPARER.
ON EST TRÈS FATIGUÉS. DONC, ON EST MOINS PATIENTS L'UN ENVERS L'AUTRE.
ON VOUS PROMET DE FAIRE DES EFFORTS.
CHER JOURNAL, JE SUIS CONTENTE, CAR MES PARENTS SE SONT RÉCONCILIÉS GRÂCE À NOUS.

Lundi 16 février

Papa est rentré tôt du boulot avec un bouquet de fleurs. De la cuisine provenait une bonne odeur de sauce spaghetti, son plat préféré. Caroline sautait sur le trampoline. Maman, elle, allaitait Zoé sur le sofa du salon. Papa lui a tendu le bouquet.

– Quelles belles marguerites ! s'est écriée maman. Merci, mon amour !

– Astrid, j'ai quelque chose à te demander, a dit papa.

Son ton était si officiel que j'ai suspendu mon souffle. Caroline a interrompu ses sauts. Papa s'est lancé, un peu comme s'il se jetait à l'eau :

– Je t'aime tellement… Veux-tu m'épouser ?

Maman était muette d'étonnement. Caro l'a suppliée :

– Dis oui ! Comme ça tu porteras une robe blanche et tu seras **la plus belle** !

Ma mère a souri à papa.

– Approche-toi, Marc. Viens m'embrasser.

Mon père ne s'est pas fait prier. Il s'est penché par-dessus son bichon qui, imperturbable, a continué à boire. Et il a longuement embrassé maman sur la bouche. Gênée, j'ai rejoint Caro sur le trampoline. Comme elle, je me suis mise à bondir comme un kangourou. Quand papa s'est enfin relevé, maman lui a dit :

– Tu sais, mon beau Marc, moi aussi je t'aime ! Je te remercie de tout cœur pour ta demande, mais ce ne serait pas raisonnable. Un mariage, ça coûte très cher. Un de ces jours, notre vieille auto va finir par nous lâcher et il faudra la remplacer. Et puis, ça apporterait quoi de plus à notre vie ? Nous avons déjà trois merveilleux enfants ! Je suis fatiguée et toi aussi. Ce n'est certainement pas en organisant une cérémonie de mariage qu'on se reposerait. Par contre… Tu sais ce dont je rêverais et qui nous ferait le plus grand bien ?

– Raconte-moi, a dit papa.

– Partir tous les deux pendant quelques jours !

C'était comme un cri du cœur.

– Mais c'est une excellente idée ! s'est écrié mon père. Ce serait comme un voyage de noces !

Papa ne semblait pas vexé par le manque d'enthousiasme de maman par rapport au mariage. Il lui a promis qu'ils prendraient bientôt des vacances en amoureux.

Caroline, par contre, était franchement déçue. Elle aurait beaucoup aimé assister au mariage de nos parents. Mais pour moi, mariage ou pas, ce qui compte, c'est qu'ils s'aiment toujours.

Mardi 17 février

Ce matin, Marie-Ève s'est élancée sur la longue patinoire de la cour d'école. **Gigi Foster** s'est approchée. Elle s'est plantée devant moi.

– Fais la file, lui ai-je demandé. J'étais là avant toi.

– Je ne veux pas glisser, a-t-elle répondu. Je te cherchais. Comme ça, Karim est amoureux de toi ?!

Gloups ! De surprise, je me suis étouffée avec ma salive.

– Mais non ! ai-je répondu. Pourquoi tu dis ça ?

– Parce que je le sais. Bientôt, toute l'école sera au courant !

Sa déclaration d'amour est loin d'être

discrète ! D'ailleurs, si tu te voyais…
Tu es **rouge** comme une tomate !
Toi aussi, tu l'aimes !
– Tu m'énerves ! ai-je crié. De quoi tu te mêles ? Karim est mon ami, mais je n'ai jamais été amoureuse de lui !
– Oh, le pôôôvre petit ! a poursuivi Gigi Foster d'une voix moqueuse.
Alice la maigrichonne va briser le cœur du beau Karim.

Elle s'est éloignée en ricanant.

Quelle fille nuisible, celle-là !
Je la **DÉTESTE** ! Marie-Ève, qui était de retour, a demandé :
– Qu'est-ce qu'elle te voulait, Gigi ?
J'ai haussé les épaules.

– Oh ! rien… Juste m'embêter, comme toujours.
– Ne t'en fais pas, Alice ! a-t-elle dit en passant son bras autour de mes épaules. Tu sais qu'elle cherche toujours à se rendre intéressante.

Mon amie a raison, mais c'est pas la première fois que Gigi Foster me traite de maigrichonne. Mes cheveux sont maigrichons, d'accord.
Mais moi ? **C'est vrai que j'ai même pas encore de lolos…**

La cloche a sonné. On est remontés en classe. En passant devant le bureau de Karim, je n'ai pas pu m'empêcher de rougir. Lui, il m'a souri gentiment, comme d'habitude.

Il n'avait l'air ni gêné, ni éperdument amoureux comme le prétendait Gigi Foster. Quand même, je me suis sentie bizarre toute la journée. En **colère** contre cette peste et, en même temps, on aurait dit que je flottais. Je me demandais à quelle sorte de déclaration d'amour **Gigi Foster** avait fait allusion…

Vendredi 20 février

Comme j'arrivais dans la cour d'école, Patrick et Eduardo se sont avancés vers moi.

– Comme ça, Karim est amoureux de toi, Alice ?! m'a demandé Patrick, le sourire aux lèvres.

Cette fois, j'ai failli exploser !
– Non, c'est pas vrai ! Et d'ailleurs, pourquoi vous dites ça ?

Patrick a regardé Eduardo d'un air surpris.

– Elle a même pas l'air au courant. On lui montre ?

– Ben oui, puisque ça la concerne, a répondu Eduardo.

J'ai suivi les deux inséparables jusque sous l'érable. Patrick a désigné un cœur percé d'une flèche fraîchement gravé dans l'écorce du vieil arbre. À gauche se trouvait un K et à droite un A. D'abord, je suis restée bouche bée. Mais j'ai rapidement repris mes esprits.

– Vous êtes sûrs que c'est Karim qui a fait ce cœur ? Vous le lui avez demandé ?

– Euh ! non, a reconnu Eduardo.

J'ai poursuivi sur ma lancée :

– Des tas d'élèves portent un prénom qui commence par un K ou un A. Ça peut être *Kristelle aime Antoine.* Ou *Kevin aime Africa.* Ou encore, *Khadija aime Alexandre.* Quand on n'a pas de preuve de ce qu'on avance, il est préférable de se taire !

Et toc ! Devant mon assurance, les deux garçons sont restés muets, puis ils se sont éloignés.

À 15 h 30, quand la cloche a sonné, on s'est précipités vers nos casiers.

On était en relâche scolaire !

Notre enseignant s'est approché de Gigi Foster. J'ai tendu l'oreille. Il lui a dit :

– Tu as des boutons sur le visage, Gigi. Tu n'as pas d'**allergies**, pourtant ?

– Non, a-t-elle répondu.

– Dans ce cas, il se peut que ce soit la varicelle. L'as-tu déjà eue ?

Mais peu importe que les boutons de **GIGI FOSTER** soient dus à un virus ou à une intolérance au lait de soya, nous voilà en congé pour neuf jours !

Marie-Ève part ce soir pour Ottawa, chez son père. Quant à Caro et moi, nos grands-parents nous ont invitées avec nos cousins. YÉÉÉ !

LUNDI 1ER MARS
C'EST DEMAIN SOIR QUE GRAND-PAPA VIENDRA NOUS CHERCHER ! J'ADORE PARTAGER NOTRE CHAMBRE AVEC OLIVIER ET FÉLIX. OLIVIER NOUS FAIT RIRE EN IMITANT LES GENS ET LE SOIR, IL NOUS RACONTE DES HISTOIRES À FAIRE DRESSER LES CHEVEUX SUR LA TÊTE.
MARDI 2 MARS
CE MATIN, MON POIGNET CHATOUILLAIT. C'ÉTAIT LA FAUTE À DEUX PETITS BOUTONS ROUGES. J'EN AI DÉCOUVERT UN AUTRE SOUS MON NOMBRIL.
J'ESPÈRE QUE CE N'EST PAS LA VARICELLE !
CONNAIS-TU QUELQU'UN QUI L'A ?
NON, ENFIN OUI, PEUT-ÊTRE. GIGI FOSTER…
C'EST CERTAINEMENT LA VARICELLE, TU DEVRAS RESTER ICI.
C'EST PAS TROIS BOUTONS QUI VONT FAIRE PEUR À GRAND-PAPA !
IL N'A JAMAIS EU LA VARICELLE. CHEZ LES ADULTES, C'EST BEAUCOUP PLUS GRAVE.
MAMAN A ANNONCÉ LA NOUVELLE À CARO.
MOI AU MOINS, JE PEUX Y ALLER.
MALHEUREUSEMENT NON, MA CIBOULETTE.
IL SE PEUT QUE LES BOUTONS SORTENT PLUS TARD.
POURQUOI ? C'EST INJUSTE ! J'EN AI PAS, MOI, DES BOUTONS !
TOUT ÇA À CAUSE DE CETTE SCROGNEUGNEU DE GIGI FOSTER !

MERCREDI 3 MARS
QUELLES VACANCES PASSIONNANTES ! DÉJOUER MAMAN QUI ESSAYE DE NOUS REFILER UN *SMOOTHIE* AU TOFU. REGARDER LA PLUIE VERGLAÇANTE…
ET MARIE-ÈVE QUI EST À OTTAWA.
TILT ! IDÉE : J'ALLAIS TÉLÉPHONER À ONCLE ALEX. J'AIMERAIS QU'IL ME RAPPORTE UN NOUVEAU CAHIER POUR ÉCRIRE MON JOURNAL.
OH NON, C'EST VRAI, J'AVAIS OUBLIÉ. IL EST EN ÉGYPTE.
JE VAIS LUI LAISSER UN MESSAGE…
JEUDI 4 MARS
AVEC TOUTES CES PUNAISES ROUGES, MA CARTE DU MONDE A L'AIR D'AVOIR LA VARICELLE !
BONJOUR, MA BELLE ALICE, COMMENT VAS-TU ?
BONJOUR, GRAND-MAMAN ! C'EST L'ENFER ! J'AI UN MILLION DE BOUTONS ! ET LES COUSINS, ÇA VA ?
FINALEMENT, ILS SONT RESTÉS CHEZ EUX. VOUS VOUS VERREZ ICI À PÂQUES.
VENDREDI 5 MARS
ZOÉ ET CARO ONT ATTRAPÉ LA VARICELLE, ELLES AUSSI. POUR APAISER LES DÉMANGEAISONS, ON APPLIQUE SUR CHAQUE BOUTON DE LA LOTION VERTE ACHETÉE PAR MOUMOU. ÇA PREND UN TEMPS FOU !

SAMEDI 6 MARS
DEPUIS QUE J'AI LA VARICELLE, LES CROCOLATOS ME TENTENT MOINS. MAIS JE VEUX TOUJOURS GAGNER LE MERVEILLEUX-MIROBOLANT-MIRIFIQUE-TEE-SHIRT DE LOLA FALBALA.
TU EN VEUX, PAPA ?
POURQUOI PAS…
BON, IL Y A DE L'ESPOIR !
CROCOLATOS
DE RETOUR D'OTTAWA, MARIE-ÈVE M'A TÉLÉPHONÉ POUR ALLER AU CINÉMA. MAIS JE NE VOULAIS PAS LUI REFILER LA VARICELLE DE GIGI… MA *BEST* M'A PROPOSÉ DE PASSER CHEZ MOI, CAR ELLE AVAIT DÉJÀ EU LA VARICELLE À TROIS ANS.
TU NE ME RECONNAÎTRAS PAS. SI C'ÉTAIT HALLOWEEN, JE N'AURAIS QU'À TEINDRE MES CHEVEUX EN VERT ET JE SERAIS ECILA YRBUA, LA MONSTRUEUSE CRÉATURE DES MARAIS.
QUI ?
ECILA YRBUA, C'EST ALICE AUBRY À L'ENVERS. JE N'EXAGÈRE PAS, JE POURRAIS GAGNER UN PRIX !
15 MINUTES PLUS TARD, MARIE-ÈVE A EU UN MOUVEMENT DE RECUL EN ME VOYANT. MAIS ELLE ME RÉSERVAIT UNE SURPRISE…
PAUVRE ALICE ! MAIS REGARDE !!! MA MÈRE A ENREGISTRÉ LE PREMIER CONCERT DE LOLA FALBALA À LAS VEGAS ! ET…. J'AI DES CHIPS BARBECUE POUR TOI !
CHIPS ! BBQ
TU ES CHOU !

JE NE DOIS PAS ME GRATTER SI JE NE VEUX PAS RESSEMBLER TOUTE MA VIE À UN MONSTRE COUVERT DE CICATRICES !
C'EST TROP BEAU, CE CONCERT !
DIMANCHE 7 MARS
MES BOUTONS ONT COMMENCÉ À SÉCHER. MAIS PAS QUESTION DE RETOURNER À L'ÉCOLE DEMAIN. AUCUNE ENVIE QUE PAT, GIGI OU ÉLÉONORE FASSE DES REMARQUES DÉSOBLIGEANTES SUR MES CROÛTES !
LUNDI ET MARDI, JE SUIS ENCORE RESTÉE CHEZ MOI. MARIE-ÈVE M'A TÉLÉPHONÉ POUR ME DIRE QU'IL Y AVAIT UNE VÉRITABLE ÉPIDÉMIE DE VARICELLE EN 5E B !
EST-CE QUE MONSIEUR GAUTHIER NOUS A ATTRIBUÉ DE NOUVELLES PLACES ?
ÉLÉONORE ? GIGI ? PATRICK ?
TE VOILÀ À CÔTÉ DE CATHERINE FRONTENAC. ET MOI, DEVINE AVEC QUI JE SUIS ASSISE ?
NON, SIMON... (SOUPIR).
PAUVRE MARIE-ÈVE ! DIRE QUE LES MOIS PRÉCÉDENTS, ELLE RÊVAIT DE SE RETROUVER À CÔTÉ DE SON CHUM ! MAINTENANT QU'ELLE NE L'AIME PLUS, LA VOILÀ OBLIGÉE DE S'ASSEOIR AVEC LUI.

Mercredi 10 mars

Ce matin, ma meilleure amie a couru à ma rencontre.

– Alice, Alice, devine ce que j'ai découvert hier ?!

– Euh ! je ne sais pas. Une formule magique pour neutraliser Cruella ? Un trésor fabuleux ?

– Presque ! Dans le magazine *MégaStar,* on présentait le site Internet de **Lola Falbala**. J'y ai passé le reste de la soirée ! Je ne t'en dis pas plus, Alice ! Je te laisse la surprise ! Tu n'as qu'à taper www.lola-falbala.com.

Wow ! Ce site contient des tas de photos de Lola Falbala ainsi que les clips de ses chansons et leurs paroles, pour chanter en karaoké. J'ai consulté le calendrier de ses concerts. Malheureusement, elle ne vient pas à Montréal. En cliquant sur l'onglet *Les fringues de Lola,* on découvre son style de vêtements et les boutiques où elle les achète : New York, Londres ou Paris.

Pendant que je naviguais sur le site, des « pops » publicitaires où on voyait Lola Falbala se régaler de Crocolatos ou se plonger dans la lecture du magazine *MégaStar* apparaissaient régulièrement. Mais il suffisait d'un petit clic pour les effacer et continuer à découvrir l'univers de la chanteuse.

Je me suis dépêchée de faire mes devoirs pour retourner sur le site après le souper. Il présente même l'amoureux de **Lola Falbala**. (C'est son guitariste.)

Lundi 15 mars

C'est vraiment agréable d'être assise en classe à côté de Catherine Frontenac. On bavarde beaucoup toutes les deux et aujourd'hui, on a eu un de ces **fous rires** !

Heureusement que monsieur Gauthier est indulgent… Catherine, elle dessine dans la marge de son cahier de brouillon. Ses croquis sont vraiment beaux ! Elle est vraiment douée en arts plastiques !

Jeudi 18 mars

Au déjeuner, papa s'est impatienté. Avec Caro qui récitait pour la dixième fois sa poésie sur les jonquilles, et Zoé qui geignait, il ne parvenait pas à entendre les infos à la radio.

De plus, il était *pressé*. Juste avant sa semaine de congé, il avait une autre réunion avec la **redoutable** Sabine Weissmuller.

Quand j'ai vu qu'il se faisait griller des toasts plutôt que de se servir des

Crocolatos, je n'ai pu m'empêcher de lui demander :

– Et les céréales, papa, tu en mangeras demain ? Il ne me reste plus que dix points à…

Mon père est sorti de ses gonds.

– J'en ai assez de bouffer ces machins-là, Alice !

– Marc !!! s'est exclamée maman, scandalisée.

Ma mère ne supporte pas le moindre gros mot. Et pour elle, « bouffer » est un gros mot…

Elle a ajouté :

– Mais quand même, je te comprends, mon chéri. Ces soi-disant céréales sont bourrées de sucre.

Cette compagnie utilise l'image de Lolly Tacata…

Caro l'a interrompue.

– C'est qui, Lolly Tacata ?

– Personne ! ai-je répondu. Maman veut dire **Lola Falbala**.

– C'est ça, a acquiescé ma mère. Je disais donc que cette compagnie utilise l'image de cette chanteuse pour vendre son produit.

– Tu oublies que j'aurai un tee-shirt **gratuit** ! ai-je précisé.

– Pas si gratuit que ça ! a-t-elle répliqué. Avec toutes ces boîtes que tu me fais acheter, il nous reviendra cher, ton tee-shirt ! Si tu le reçois un jour…

– Mais évidemment, maman, que je le recevrai !

Papa a avalé son jus d'orange si vite qu'il en a renversé sur sa chemise bleue. **Il a poussé un juron.** Maman s'est à nouveau offusquée, mais mon père avait déjà bondi à l'étage pour se changer. On aurait dit un **guépard** ! En effet, hier, pendant la leçon sur les records des animaux, monsieur Gauthier nous a appris que le guépard est l'animal le plus rapide au monde. Il peut atteindre des pointes de plus de 120 km/heure, ce qui est presque deux fois plus *rapide* que notre vieille voiture !

Donc, notre guépard, vêtu cette fois d'une chemise noire, d'une cravate rouge et d'un costume noir, a dévalé l'escalier. Saisissant sa mallette, il est passé en trombe sans nous dire au revoir. Le temps qu'il enfile son manteau et ses bottes, la porte d'entrée a claqué. *Ouf ! Quel calme, tout à coup...*

Je terminais mes Crocolatos quand
BOUM! BOUM! BOUM!,
on a tambouriné sur la porte d'entrée. Maman, qui donnait un biberon à Zoé, a soupiré.

– Va donc voir, Biquette. Papa a dû oublier sa clé d'auto.

En ouvrant la porte, un paquet est tombé à mes pieds. Sauf que ce paquet… c'était mon père! Je me serais crue dans une série télévisée. J'ai regardé dans la rue. Mais aucun bandit armé d'**un revolver fumant** ne s'enfuyait à toutes jambes. Aucune limousine aux vitres teintées ne démarrait sur les chapeaux de roues. D'ailleurs, papa ne semblait pas troué de balles; il ne saignait pas. Mais il se tenait à quatre pattes et il grimaçait de douleur. J'étais **pétrifiée**.

Maman s'est précipitée en criant:

– Chéri, tu es blessé! Que s'est-il passé?

Le chéri en question s'était coincé un muscle du dos en pénétrant trop vite dans la voiture. Il était tout simplement incapable de se redresser. Ma mère s'est exclamée:

– J'appelle l'ambulance!

– Non! a répondu mon père. Ce n'est pas nécessaire.

– Comment ça, pas nécessaire?! Regarde donc dans quel état tu te trouves! Laisse-moi appeler le 911.

– Il n'en est pas question, Astrid! Ça doit être un lumbago. Tu vas m'aider à m'installer au lit. Et j'ai besoin d'un médicament contre la **douleur**.

Il est rentré et, toujours à quatre pattes, il a grimpé péniblement les marches de l'escalier.

Je plaignais papa qui a l'air d'avoir très mal. **En même temps, je ressentais une furieuse envie de rire.** Mon père, si pressé d'arriver à sa réunion, se retrouvait cloué au lit ! Caroline, qui sortait de notre chambre, a constaté d'un air étonné :

– C'est la première fois que je vois papa se coucher en cravate !

Cette fois, je n'ai pu m'empêcher de *pouffer de rire*. Fronçant les sourcils, maman m'a fait taire d'un geste de la main. Caroline a haussé les épaules et est retournée dans notre chambre. Papa a réclamé le téléphone. Il a pris son courage à deux mains pour appeler Sabine Weissmuller…

– Peux-tu t'occuper de tes sœurs ? m'a demandé maman. Il ne me reste plus de médicaments antidouleur. Je *file* à la pharmacie. Surtout, les filles, ne dérangez papa sous aucun prétexte !

Avec tout ça, il était déjà 8 h 25. On allait être en retard à l'école.

Bon, où était Zoé ? J'ai jeté un coup d'œil dans la salle de bain. Elle avait rampé entre le mur et le pied du lavabo.

– Que fais-tu là, Zouzou? lui ai-je demandé.

En contournant le lavabo, j'ai aperçu son visage contrarié.

– Je vais t'aider à sortir.

Elle m'a tendu une main. Prenant ma petite sœur sous les bras, je l'ai tirée doucement. Elle n'a pas bougé d'un pouce. Alors, je suis retournée de l'autre côté et je l'ai tirée par les jambes. Ça ne fonctionnait pas non plus. *Notre bébé chéri était bel et bien coincé.* Lorsqu'elle l'a réalisé, elle a commencé à pleurer.

De sa chambre, mon père a crié:

– Occupe-toi donc du bichon, Alice!

– C'est ce que je suis en train de faire!

Tentant une nouvelle fois de dégager ma petite sœur de sa mauvaise posture, je l'ai saisie par les hanches. Lorsque j'ai tiré, j'ai entendu un craquement. Zoé s'est mise à pousser des cris perçants. Oh non!... Pourvu que je ne lui aie pas brisé un os! Épouvantée, je l'ai abandonnée à son sort pour aller expliquer la situation à papa qui s'impatientait.

– Je suis incapable de bouger, a-t-il déclaré. Alors appelle le 911 pour qu'ils viennent délivrer ta sœur!

Le 911! Dire qu'il y a quelques minutes, il ne voulait pas en entendre parler du 911! Enfin, j'ai fait ce qu'il m'a dit de faire.

Quand maman est rentrée, je suis allée l'accueillir. Elle était toute pâle.
– Que s'est-il passé, Alice ? m'a-t-elle demandé. Pourquoi y a-t-il **une voiture de police**, **un camion de pompiers** et **une ambulance** devant chez nous ? Papa va plus mal ?
– C'est pas pour papa mais pour Zoé, ai-je précisé.
– Pour Zoé ! s'est-elle écriée, *affolée*. Que lui est-il donc arrivé, à ma Prunelle ?

Elle a bondi vers l'escalier. Pour la rassurer, je lui ai expliqué que, malgré les apparences, tout allait pour le mieux. À part le dos de papa, toujours bloqué, bien sûr. Maman

a trouvé Zouzou en train de gazouiller dans les bras du pompier qui l'avait délivrée. L'ambulancier l'avait examinée. À mon grand soulagement, elle n'avait rien de cassé ! Quant à papa, il a décliné l'offre des ambulanciers.
– Non merci, je ne veux pas aller à l'hôpital, a-t-il répété. Avec les anti-inflammatoires, la pommade chauffante, les massages d'Astrid et du repos, je serai vite sur pied.

On voit de qui Caro tient son côté tête de mule !

La policière a demandé :
– Et vos grandes filles, elles ont congé ?
– Oh ! s'est exclamée maman en regardant sa montre. Effectivement,

à l'heure qu'il est, elles devraient être en classe !

– Si ça peut vous dépanner, je les dépose à l'école.

Caro et moi, on s'est présentées chez madame Normandin, la secrétaire. On lui a raconté la raison de notre retard.

– Eh bien ! C'était un début de journée mouvementé, a-t-elle commenté en souriant. J'espère que votre papa sera bientôt guéri.

Et maintenant, *montez vite* en classe. Il est déjà 9 h 30.

9 h 30 ! Le cours d'anglais allait commencer… J'ai piqué un sprint dans l'escalier. Peine perdue, la porte de ma classe était déjà fermée.

J'ai entendu **Cruella** demander :

– Karim, veux-tu distribuer les feuilles du contrôle ?

Oh non ! Pas un contrôle **surprise** ! Hier soir, j'avais parcouru les deux pages d'anglais un peu *vite*, pour avoir le temps d'aller sur www.lola-falbala.com. Tout à coup, j'avais l'impression d'avoir tout oublié. Je ne me rappelais même plus sur quoi portait la leçon…

Bon, je ne pouvais pas rester éternellement derrière la porte. **Cruella** allait être furieuse, mais tant pis, je n'y pouvais rien. Prenant mon courage à deux mains, j'ai frappé trois petits coups.

– Entrez !

– C'est à cette heure-ci qu'on arrive à l'école, Alice Aubry ?! s'est exclamée la prof.

– Je suis en retard parce que…

– Taratata ! m'a-t-elle interrompue. Je n'ai pas le temps d'écouter tes justifications ! File à ta place et que je n'entende plus parler de toi aujourd'hui !

Puis, elle s'est adressée à toute la classe.

– Appliquez-vous ! Je vous donne dix minutes pour le contrôle, pas une de plus.

Dans ces conditions, tu peux t'imaginer, cher journal, que je n'ai pas du tout réussi le test …

Ce soir, le dos de papa est encore bloqué.

– Il ne pourra jamais prendre l'avion après-demain, a soupiré maman.

Quelle malchance quand même !

Et dire que ce voyage à deux semblait indispensable pour consolider la flamme amoureuse de mes parents fatigués…

Vendredi 19 mars

Aujourd'hui, papa a recommencé à marcher. Mais il n'a plus rien d'un guépard ! *On dirait plutôt un petit vieux qui aurait besoin d'une canne...* Malgré tout, il est décidé à partir en Floride.

– Tu es sûr que c'est prudent, Marc ? lui a demandé maman.

– Aucun problème, Astrid, a déclaré mon père. Tu me pousseras en fauteuil roulant dans l'aéroport. Une fois sur place, comme notre hôtel donne sur la plage, je n'aurai pas beaucoup à marcher. D'ici deux ou trois jours, ce tour de reins devrait avoir disparu.

Grand-papa et grand-maman sont arrivés après le souper. Ils se sont installés dans la chambre du sous-sol. Grand-maman a sorti un **gros** roman policier de sa valise. Sur la couverture, on voit un banc devant un buisson, dans un parc désert, le soir. Le titre : *Meutre au clair de lune.* BRRR, moi ça me ferait faire des **cauchemars**, une lecture pareille ! Mais ma grand-mère, elle, adore les polars.

Après avoir bouclé leurs bagages, mes parents sont venus border Caro. Ils étaient prêts, eux aussi, à se mettre au lit vu qu'ils doivent se lever à 4 h du matin pour se rendre à l'aéroport.

Maman nous a répété les **1001 consignes** qu'elle nous avait déjà données hier soir…

Ouf ! Il est temps qu'ils partent !

Elle a ajouté :

– Et j'espère, Biquette, que tu ne passeras pas toutes tes soirées sur le site de cette Latifa Balla !

– Le site de Lola Falbala ? Non, non, ne t'en fais pas !

Samedi 20 mars

Bon voyage, les parents !

8 h 50. BURP… J'ai une *overdose* de Crocolatos. Ce matin, rien

que l'idée de m'en verser un bol m'a coupé l'appétit. Mais pas question d'abandonner si près du but !

J'ai proposé à mes grands-parents d'en manger eux aussi. Je leur ai expliqué la raison.
– Je veux bien essayer, a dit grand-maman.
– Et puis, tu aimes ? me suis-je informée, pleine d'espoir.
– C'est tellement sucré ! Désolée, ma belle Alice, mais j'ai PEUR que ça me donne mal à l'estomac !

Grand-papa, lui, est d'accord pour m'aider à terminer la boîte.
Merci, grand-papa !

Lundi 22 mars

En partant pour l'école, Caro a dit :

– Regarde, Alice ! Les nains sont de retour !

En effet, les nains de jardin sont réapparus dans la plate-bande de madame Baldini, parmi les plaques de neige. Chaque année, c'est la façon qu'a notre voisine de souligner l'arrivée du « printemps ». Bon, y a de l'espoir !

À 19 h 30 tapant, ma sœur et moi, on a commencé à regarder *Samantha et ses colocs*, une émission de téléréalité super cool, en grignotant du *pop-corn*. On en profite parce que, d'habitude, on n'a pas le droit de

C'EST
LE PRINTEMPS !
LA VITA È
BELLA!

regarder la télé en semaine. **De plus, maman n'aime pas qu'on voie des émissions de ce style.** Elle dit que ce n'est pas pour notre âge et pas intéressant. Pas intéressant pour elle, c'est possible. Moi, ça me passionne!

À la fin de l'émission, on est allées retrouver grand-maman qui mettait Zoé en pyjama.

– Bonne nuit, ma belle Caroline! lui a-t-elle dit. Fais de beaux rêves.

– Merci grand-maman! Bonsoir Zouzou! Zzzouuuu! ZZzouuuu! ZZzouzouuuu!

Notre bébé chéri a éclaté de rire. J'ai aperçu quelque chose de blanc dans sa bouche. Sa première dent!

– Oh, c'est pour ça qu'elle est maussade, ces jours-ci ! a dit grand-maman. Et moi qui croyais que c'était uniquement parce qu'elle s'ennuyait de ses parents ! Pauvre trésor !

Mardi 23 mars

Au lieu d'installer ses COCHONS en peluche sous sa couette, comme chaque soir, Caroline les a alignés contre le mur.

– Qu'est-ce que tu fais ? lui ai-je demandé.

– Tu vas voir !

Elle a grimpé sur son lit
et s'est mise à sauter aussi haut
que sur son trampoline. Grand-Cœur
se trouvait sur mon lit.
– Désolée, lui ai-je dit en le déposant
à terre. J'ai besoin de toute la place.

À mon tour, je me suis mise
à bondir sur mon lit ! Même si
les ressorts grinçaient, grand-maman
n'a pas débarqué dans notre chambre
pour nous demander de cesser
immédiatement, comme l'aurait fait
maman.

On s'amusait comme des folles !
Tout à coup, j'ai eu une idée.
Je me suis écriée :

– Lance-moi tes cochons !

– Oh non, ils risqueraient de tomber à terre ! a répondu ma sœur.

– C'est pas grave. Allez, Caro, ce serait rigolo !

– Nouf-Nouf, Naf-Naf et Nif-Nif ont le vertige, m'a-t-elle expliqué d'un air sérieux. La queue de Tire-Bouchon est fragile. Et Cochonnet est bien trop petit. Il serait mort de PEUR !

– Alors, Betty ? ai-je suggéré.

– Bon, d'accord. C'est vrai que Betty aime les sensations fortes !

Et Hop ! Hop ! Hop !

On s'est lancé l'intrépide Betty d'un lit à l'autre en riant de plus belle !

À bout de souffle, on s'est effondrées sur nos lits. Puis, on a dégusté le sac de chips au ketchup qu'on avait acheté en revenant de l'école. De temps en temps, cher journal, ça fait un bien fou d'avoir congé de parents :

1. Maman n'est pas là pour s'exclamer : « Quel bazar, Alice ! Il est temps de faire le ménage ! »
Moi, je l'aime bien, mon bazar !
Et cette semaine, je me donne congé de rangement.

2. Grand-maman me met des super bonnes collations dans ma boîte à lunch et pas seulement des pommes ou des cubes de cheddar.
Elle a même acheté deux litres

de Citrobulles et m'en a rempli une petite bouteille pour ce midi!

3 Ses desserts ne sont jamais au soya.

4 Papa n'est pas là pour vérifier mes devoirs de fractions ni pour me demander si j'ai bien étudié mon anglais.

5 Caro, elle, profite de l'absence de maman pour inonder son assiette de ketchup.

Mercredi 24 mars

Il pleuvait tellement, ce matin, que la cour d'école était vide. Je suis rentrée. Marie-Ève guettait mon arrivée à l'entrée de la grande salle. *Elle avait l'air tout excitée.*

– Je passerai le congé de Pâques chez mon père, m'a-t-elle annoncé. **Et je viens d'avoir une idée géniale !**

– Laquelle ? ai-je demandé.

– J'aimerais que tu m'accompagnes à Ottawa !

– Oh ! me suis-je exclamée. Ce serait tellement cool ! Et ton père, il est d'accord ?

– Il n'est pas encore au courant, a-t-elle répondu. Mais je ne vois pas pourquoi il refuserait. Et tes parents, ils diraient oui, tu crois ?

– Ça ne devrait pas poser de problème non plus. Je devrai attendre leur retour pour le leur demander.

– Moi, je téléphone ce soir à mon père !

Je devais partir chez mes grands-parents à Pâques… C'est vrai que j'avais très envie de retrouver Olivier et Félix. Mais bon, ce sera pour une autre fois. Car rien ne me tente plus, cher journal, que de passer le congé avec Marie-Ève et de découvrir l'endroit où elle vit avec son père ! Sans compter que je ne suis jamais allée à Ottawa. Papa et maman ne devraient pas être difficiles à convaincre. Ils connaissent monsieur Letendre (le papa de Marie-Ève) depuis des années.

Après le souper, j'ouvrais mon livre d'anglais au moment où Marie-Ève a appelé. Son père est d'accord pour que je vienne à Ottawa. Pourvu que mes parents acceptent, eux aussi ! Puis, on a frappé à la porte de ma chambre.

– C'est moi, Alice, a dit grand-maman. Avec Zoé.

– Entre !

– Il ne reste plus de lait pour demain matin, a-t-elle expliqué. Peux-tu garder tes sœurs pendant que je vais au dépanneur ?

– Bien sûr, ai-je répondu en souriant à notre bébé chéri.

Je lui ai chanté *A real man*
une chanson très rythmée que j'ai apprise par cœur. Zoé était aux anges ! Qu'est-ce qu'elle est cool, ma petite

sœur ! Elle n'a pas encore sept mois et elle apprécie déjà **Lola Falbala** ! *Quand j'ai repris le refrain, elle s'est carrément mise à rire.* Oh ! sur sa gencive du bas, il y a maintenant une deuxième petite dent !

– Bravo, Zouzou ! Tu es une championne ! Tu sais, c'est bien pratique, des dents, pour croquer des chips et du chocolat à la menthe !

Soudain, Caroline a appelé :
– Alice, Alice ! Viens vite !
– Où es-tu ? ai-je demandé en me relevant.
– Aux toilettes ! Dépêche-toi !

J'ai foncé dans le couloir.
En arrivant aux toilettes, j'ai été suffoquée par l'odeur ! Caro était penchée au-dessus de la cuvette.
– Qu'est-ce que tu fais là ? Tire la chasse et lave-toi les mains !
– Mon papillon ! a-t-elle lancé d'un **air catastophé**. La chaîne s'est détachée et il est tombé dans la toilette !
– Oh non !!!
– Ben oui, regarde !

Prenant mon courage à deux mains, j'ai jeté un coup d'œil. Sur un gros caca brillaient en effet le pendentif et la chaîne en argent de ma sœur. **Ça m'a soulevé le cœur.** J'ai reculé précipitamment.

– S'il te plaît, Alice, répêche-le !

– Voyons, Caro, tu n'imagines quand même pas que je vais faire une chose pareille ! **C'est dégoûtant !** Viens, sortons d'ici, c'est irrespirable !

– Allez, Alice ! m'a-t-elle suppliée en me tirant par le bras. C'est **mon porte-bonheur** ! Tu dois absolument le sortir de là !

– Tu es folle ! Il n'en est pas question !

– Bon, dans ce cas, je vais le récupérer moi-même !

– Nooon ! ai-je crié, épouvantée.

Et j'ai tiré la chasse. L'eau, tourbillonnant dans la cuvette de la toilette, a tout emporté sur son passage. Caroline a poussé un cri de désespoir :

– Mon porte-bonheuuur !

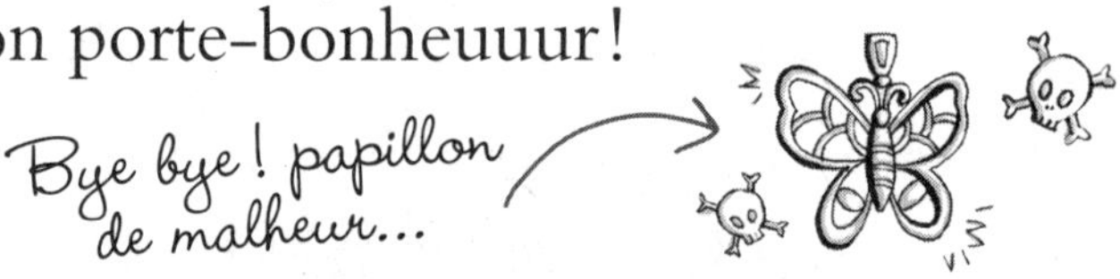

Dans ma chambre, Zoé s'est mise à pleurer. Pas étonnant, avec toute cette agitation !

– Tu es méchante ! a hurlé Caro en tapant du pied. **Tu es affreuse !**

– Que se passe-t-il ? a demandé grand-maman en bas de l'escalier. Vous vous disputez ?

Elle était de retour ! Caroline a couru lui expliquer le *crime* que j'avais commis. Moi, j'ai rejoint la pauvre Zouzou qui sanglotait toujours. Après l'avoir consolée, je l'ai portée à grand-maman.

– Et puis, il s'est passé un drame en mon absence ? m'a-t-elle demandé gentiment.

– J'ai tiré la chasse sans réfléchir, ai-je expliqué. J'ai eu PEUR que Caroline plonge sa main dans la cuvette ! Avec elle, on ne sait jamais ! J'aurais dû la faire patienter jusqu'à ton retour…

– C'est vrai. J'aurais trouvé un moyen de récupérer et de nettoyer le bijou de ta sœur. Mais on ne peut pas revenir en arrière, ma belle Alice.

Alors ne t'en fais pas. Caroline se trouvera un autre **porte-bonheur**.

Quand je suis revenue dans notre chambre, Caro, couchée dans son lit, a **brusquement** rabattu la couette sur sa tête.

– Va-t-en ! a-t-elle crié. **Je te déteste !** Tu m'as brisé le cœur ! Je le dirai à nos parents !

Comme un acte d'accusation, sa **boîte à bijoux** était ouverte sur sa table de chevet. Vide, bien sûr.

J'te jure, cher journal, que c'est pas toujours facile d'être une grande sœur !

Jeudi 25 mars

Journée meuh meuh. Je t'explique, cher journal. Pendant notre trajet vers l'école, Caro boudait ferme. Elle refusait de marcher à ma hauteur. Je me suis tournée vers elle.

– Écoute, je suis vraiment désolée pour ton papillon, lui ai-je dit. Je ne l'ai pas fait exprès et…

– HAAAAA…

Se mettant à CRIER, ma sœur a bouché ses oreilles avec ses mains pour ne pas m'entendre.

J'ai eu 3/10 au contrôle d'anglais. De plus, hier, après tous ces événements, j'avais oublié d'étudier ma leçon pour aujourd'hui.

Cruella, qui m'a interrogée, m'a collé un 1/10. Et mes parents qui reviennent dans deux jours…

Vendredi 26 mars

Cette nuit, assise à la table de cuisine, je grignotais des Crocolatos. Soudain, de la boîte de céréales a jailli une pluie d'étoiles **chocolatées**. C'était presque aussi beau qu'un feu d'artifice ! Sauf que ça n'arrêtait plus. Le sol était jonché de Crocolatos. Leur niveau montait rapidement (comme dans les machines à *pop-corn*, au cinéma). N'ayant aucune envie de finir ensevelie sous une montagne de Crocolatos, j'ai voulu prendre mes jambes à mon cou. Mais pas moyen de faire le moindre geste. J'étais paralysée. La fontaine de Crocolatos continuait à projeter les céréales et leur niveau atteignait mon ventre. Si cette éruption diabolique ne s'arrêtait pas, j'allais mourir étouffée. Paniquée, j'ai crié :

– Papa ! Maman ! Sauvez-moi !

Mon cœur s'est glacé quand je me suis souvenue qu'ils ne pouvaient pas m'entendre puisqu'ils se trouvaient à Miami, à plus de 2000 km de la rue Isidore-Bottine !

La porte de la chambre s'est ouverte. Grand-maman a chuchoté :

– Que se passe-t-il ?

– Oh, c'est toi ! me suis-je exclamée, soulagée. J'ai fait un **cauchemar** !
– Tu as rêvé de quoi ? a demandé Caro, que mes cris avaient réveillée.

C'était la première fois qu'elle daignait m'adresser la parole depuis la perte de son **porte-bonheur**. Grand-maman a dit :
– Pauvre Alice ! Va vite boire un verre d'eau. Puis, il faut se rendormir. On en parlera demain.

Ce matin, ma sœur m'a demandé :
– Alors, c'était quoi, ton cauchemar ?

Je le lui ai raconté. Et une deuxième fois à grand-maman dans la cuisine. Elle a déclaré :

– C'est peut-être parce que tu n'as plus très envie de manger ces céréales que tu as fait ce **mauvais** rêve.
– Tu as raison, ai-je reconnu. J'ai tellement avalé de Crocolatos que ça ne me tente plus d'en manger.
– Ne te rends pas malade, ma belle Alice ! Et si tu te préparais plutôt un toast, ce matin ?
– J'aimerais bien, grand-maman, mais si tu savais comme j'ai hâte de recevoir le tee-shirt de Lola Falbala ! Pour ça, je dois envoyer 40 points Star. La septième boîte de Crocolatos est presque finie…

Ma grand-mère a vidé le restant des céréales dans un contenant en plastique. Elle m'a tendue la septième boîte vide.

– Et voilà ! C'est pas plus compliqué que ça.

– Merci ! Mais il me manque encore cinq points. Il reste une boîte à acheter.

– Je m'en occupe ! a-t-elle promis. Ah, te voilà, Caroline ! Dépêchez-vous de **déjeuner**, les filles. Il est bientôt temps de partir à l'école.

En rentrant, cet après-midi, j'ai trouvé deux boîtes vides de Crocolatos sur mon bureau. Celle de ce matin et l'autre, la fameuse huitième et dernière boîte, que grand-maman a achetée

aujourd'hui. Mais, vide ?!
Par quel miracle ?
– J'ai versé toutes ces céréales dans trois grands contenants, m'a expliqué ma grand-mère. Je les rapporterai chez nous dimanche. Benoît (grand-papa) a l'air de les **apprécier**. Il n'aura qu'à les finir.

16 h 04. Mission accomplie, cher journal ! Je viens d'aller mettre l'enveloppe contenant les précieux points Star dans la boîte postale au coin de la rue. J'ai trop hâte de recevoir mon tee-shirt ! La livraison peut prendre jusqu'à cinq semaines. Ce qui tombe le 1er mai, si j'ai bien

calculé. Dans mon agenda, à cette date, j'ai écrit **Lola Falbala**.

Samedi 27 mars

Cet après-midi, grand-papa et Caro sont partis chercher nos parents à l'aéroport. Je me trouvais sur le site de Lola Falbala quand la sonnette a retenti. C'était maman ! Papa, lui, sortait les bagages du coffre de l'auto. Il se tient droit maintenant.
Fini, le mal de dos ; on retrouve notre guépard !

Quand Zoé a aperçu maman, elle lui a tendu les bras. Maman l'a saisie et l'a serrée longuement contre elle avant de nous embrasser.

MES CHÉRIES !

– Regardez bien ! a dit Caroline.

En s'avançant rapidement vers notre petite sœur, elle s'est écriée :

– ZZzou ZZzouuuu ! ZZzouzouuuu !

Notre bébé chéri s'est automatiquement mis à rire.

– Elle a des dents ! s'est exclamé papa.

– Quatre ! ai-je répondu fièrement. Pendant votre absence, elle a fait des dents en rafale !

Deux autres petites dents ont en effet poussé durant la nuit sur la gencive du haut. Elle est trop **mignonne**, comme ça, notre Zouzou ! On dirait un hamster !

Ma mère a eu 38 ans hier. Après le souper, Caroline a déposé le gâteau devant elle et on a tous chanté Bonne fête, Astrid ! Mes parents ont l'air en pleine forme. La coupe de cheveux très courte de papa le rajeunit. Il ressemble à son frère Alex, comme ça. Il devrait toujours aller se faire coiffer à Miami plutôt que chez monsieur Tony ! Ils m'ont offert une mini-jupe blanche. J'ai hâte de la porter avec le tee-shirt de Lola Falbala !

Mais tout à coup, BOUM ! Je suis retombée sur terre quand papa m'a demandé comment ça avait été à l'école cette semaine.

– Très bien, ai-je répondu. J'ai eu 9/10 en dictée. Et 7/10 en maths.

– Super, ma puce ! Et en anglais ?

J'ai bien été obligée d'avouer mon 3/10 et mon 1/10… Mon père s'est exclamé :

– Eh bien, Astrid, la réalité de la vie familiale nous rattrape vite !

Mais maman est intervenue :

– Écoute, Marc, aujourd'hui, c'est un jour spécial. De plus, il est tard. **Tout le monde est fatigué.** Je crois que ce n'est vraiment pas le moment de discuter de notes, qu'elles soient bonnes ou mauvaises. On verra ça demain.

Fiouuu ! Enfin, jusqu'à demain…

Dimanche 28 mars

Avec tout ça, j'ai oublié, hier, de parler à mes parents de l'invitation de Marie-Ève. Ce matin, le téléphone a sonné pendant que j'étais sous la douche. Quelques minutes plus tard, j'enfilais mon jeans quand maman a fait irruption dans ma chambre. J'ai protesté :

– Je t'ai déjà dit de frapper à la porte avant d'entrer !

Mais maman m'a annoncé :

– Le père de Marie-Ève vient d'appeler. Il t'invite…

Je ne lui ai pas laissé le temps de finir sa phrase.

– YÉÉÉÉ ! Et tu lui as dit oui, bien sûr ?!

– Mais non, pas si vite !

– Comment ça, non ?!

– Enfin, non, je ne lui ai pas dit non, mais pas oui non plus. Je voulais d'abord te demander si ça te plaisait.

– Mais évidemment !

– Et puis, a ajouté maman, je voulais prendre le temps d'en discuter avec ton père. Tu sais Alice, tes notes d'anglais, ça devient un réel problème…

Aïe ! Je n'y pensais déjà plus à ces maudites notes…

– Si tu passais moins de temps sur lora-flanagan.com, tu…

– Sur lola-falbala.com, tu veux dire ? Écoute, moumou, si toi et papa vous acceptez que j'aille à Ottawa, vous serez les parents les plus *cool* du monde ! Je vous promets que je ferai tout mon possible pour me rattraper en anglais. Et puis, à Ottawa, on parle anglais, non ?
– Anglais mais aussi français, a répondu maman.

20 h 15. Mes parents ont finalement dit oui, pour Ottawa ! *Je suis si heureuse, cher journal, que j'ai envie de bondir sur mon lit !* OUI ! OUI ! OUI ! Mais ce n'est pas le moment de mettre maman de **mauvaise humeur** ! Alors,

je me contente de bondir dans ma tête ! Bon, j'appelle Marie-Ève pour lui annoncer la bonne nouvelle !

Lundi 29 mars

Ce matin, j'étalais du miel sur mes toasts quand Caro m'a signalé qu'elle demanderait à maman de racheter des Crocolatos.

– Tu auras la boîte pour toi toute seule, lui ai-je dit. Moi, je n'en mange plus, des Crocolatos !

Ma sœur a rétorqué :

– Tu m'avais promis que tu continuerais à **collectionner** les points pour mon tee-shirt !

Horreur absolue! Je ne pensais plus à notre entente! Rien qu'à l'idée de croquer un Crocolatos supplémentaire, mon estomac se serre. Comment je vais me tirer de cette situation, cher journal, ça, je n'en ai pas la moindre **idée**...

Mardi 30 mars

Quand on est arrivées à la maison, à 15h45, Caro a lancé son sac d'école à terre. Elle a annoncé:

– Je m'en vais sur la balançoire!

Maman m'a demandé comment avait été ma journée. Puis, elle m'a dit:

– Oncle Alex est passé ce matin et...

– Oncle Alex ?! l'ai-je interrompue. **Oh, dommage !** J'aurais bien aimé le voir, moi aussi !
– Il a laissé quelque chose pour toi sur ton bureau.

J'ai grimpé les marches de l'escalier quatre à quatre. Le paquet, emballé dans un papier brun, était rectangulaire et assez lourd. Ça devait être un très **gros** livre. Sans doute un livre sur l'Égypte. Eh bien non, c'était encore mieux que ça ! Imagine-toi, cher journal ! Deux cahiers, de la même série que ceux dans lesquels j'ai écrit ton premier tome ! Et on peut dire qu'ils arrivent juste à point…

À mes pieds, il y avait une carte postale. Elle avait dû tomber à terre quand j'avais ouvert le paquet. On y voyait une barque avec une voile blanche. Je l'ai retournée et j'ai lu :

Chère Alice,

En Égypte, j'ai descendu le Nil en felouque. C'est une embarcation comme celle sur la carte. J'ai visité plusieurs pyramides. Très impressionnant ! Pour se rendre dans les villages, mon guide et moi avons effectué le trajet à dos de dromadaire ! La première fois que ma monture s'est relevée, je ne me sentais pas à l'aise, tout là-haut ! Heureusement, je me suis vite habitué à ce moyen de transport. À bientôt ! Oncle Alex.

J'ai pouffé de rire en imaginant mon oncle perché sur son dromadaire! Je lui ai tout de suite téléphoné pour le remercier. Comme il n'était pas là, je lui ai laissé un message sur son répondeur.

Après le souper, j'ai accompagné maman au supermarché. J'ai *filé* au rayon des céréales. Il fallait que je trouve une façon de faire changer Caroline d'idée… Pour ça, je devais dénicher quelque chose qui lui plairait encore plus que le tee-shirt de **Lola Falbala**. Sur une boîte de céréales au miel, il y avait bien une offre de cahier à colorier de Winnie l'ourson. Mais ça, c'est pour les petits. Ma sœur n'en voudrait pas. Au bout de l'allée, mon regard a été attiré par des boîtes avec un cochon. Avec ces céréales, on peut obtenir un yoyo **géant** rose fluo sur lequel est collée la photo du plus mignon des bébés cochons. Avec ses yeux mélancoliques et son groin humide en **gros** plan, il était irrésistible ! J'ai lu le règlement de l'offre. Il suffisait d'envoyer deux rabats de boîtes de Fluo-Trucs et un chèque de 4,95 $. Voilà qui allait plaire à ma sœur !

Je la tenais, la solution de rechange aux Crocolatos !

J'ai déposé la boîte en question dans notre panier d'épicerie. Maman a dit :

– Des céréales fluo ? C'est quoi encore, cette cochonnerie ?!

Je lui ai expliqué mon problème. Elle a finalement accepté d'acheter la boîte.

À la maison, j'ai fait miroiter l'idée du yoyo-cochon à Caroline. Elle s'est extasiée devant l'image du porcelet sur la boîte de Fluo-Trucs.

– Il est tellement *cute* !

Victoire ! Caro renonce à son tee-shirt de **Lola Falbala** à la condition que je lui prête le mien à l'occasion. Toujours pratique, elle m'a demandé :

– Et qui va payer les 4,95 $ pour le yoyo ?

– Ben moi, ai-je répondu.

Mercredi 31 mars

Monsieur Gauthier nous attendait en classe avec son chronomètre en main.

– Les amis, on commence par un volleyball de multiplication, a-t-il annoncé. **Formez vos équipes.**

C'est un jeu au cours duquel on doit « attraper » les chiffres et les « relancer » dans l'équipe adverse. Si l'élève à qui le chiffre est destiné l'a « attrapé » en moins de trois secondes, son équipe marque un point. Évidemment, tout le monde espère toujours se retrouver avec Bohumil, notre champion des chiffres ! Moi, je suis nulle au vrai volleyball et, jusqu'en 4e année,

je n'ai jamais aimé les maths.
Mais, avec notre enseignant, j'ai pris goût aux jeux de chiffres.

– Depuis le début de l'année, tu as fait de **gros** progrès, Alice, a d'ailleurs souligné monsieur Gauthier.
Et toi aussi, Simon ! C'est la première fois que tu attrapes tous les chiffres.

En allant déposer son galet dans le *coffre aux trésors*, Simon a constaté qu'il était plein.

Cool !

À la récré, Marie-Ève m'a dit:
– Je me demande quel privilège monsieur Gauthier nous prépare.
– Moi aussi, lui ai-je répondu.
Et j'ai aussi très hâte d'être demain parce que ce sera le 1er avril. Je rêve de jouer un mauvais tour à **Cruella**, mais je n'oserais jamais. **Elle me soupçonnerait tout de suite...**
– Évidemment! Mieux vaut s'en tenir à nos traditionnels poissons d'avril. J'amène quelques poissons et le papier collant. Distraite comme tu es, Alice, tu serais capable de l'oublier.
Je me demande ce que Patrick Drolet va encore **inventer**. Tu te rappelles, l'an dernier, quand il avait collé des affiches «Toilettes bouchées

momentanément hors d'usage»
sur la porte des toilettes?
– Oui! On s'était tous précipités vers les toilettes du rez-de-chaussée. **C'était la pagaille!** Tu as raison, Marie-Ève, soyons sur nos gardes!

Ce soir, j'avais une tonne de devoirs. En plus, papa m'a interrogée sur ma leçon d'anglais. Il ne m'a relâchée que quand je savais TOUT.

Pfff… Après, pour me remonter le moral, j'ai cherché des poissons d'avril rigolos sur Internet. J'en ai imprimé huit. J'ADORE le 1er avril !

JEUDI 1ER AVRIL
JE VOUS AI PRÉPARÉ UN CONTRÔLE SURPRISE SUR LE PASSÉ SIMPLE.
100% COOL
J'AI OUBLIÉ D'ÉTUDIER...
OH NON...
POISSON D'AVRIL !
OUF !
100%
AU FAIT, MERCI POUR LE POISSON QUE TU AS COLLÉ DANS MON DOS, ALICE !
JE SUIS MAGICIEN, OUI OU NON ?
COMMENT SAVEZ-VOUS QUE C'EST MOI ?

ON VA D'ABORD S'OCCUPER DU CHANGEMENT DE PLACE.
KARIM ET ALICE, DEVANT À GAUCHE.
ET NOTRE PRIVILÈGE ?
COOL !
POISSON D'AVRIL !
FINALEMENT, NOTRE PRIVILÈGE, C'EST DE S'ASSEOIR OÙ ON VEUT. J'AURAIS BIEN AIMÉ ÊTRE AVEC KARIM. MAIS L'IMPORTANT, C'EST QUE JE RETROUVE MA *BEST*.
À 9H30, CRUELLA EST ARRIVÉE. ELLE S'EST ASSISE AU BUREAU. ET QUAND ELLE S'EST LEVÉE…
ALICE AUBRY ! TOI QUI MÂCHES DE LA GOMME EN CLASSE, TU EN AS SÛREMENT COLLÉ SUR MA CHAISE !
MADAME, Y A DE LA GOMME SUR VOTRE JUPE !
NON !
MOI, JE TE COLLE UN ZÉRO ! ET ON VA CHEZ LE DIRECTEUR !

OH NON, PAS UN ZÉRO ! MES PARENTS RISQUAIENT DE CHANGER D'AVIS À PROPOS D'OTTAWA…
VOILÀ CE QU'ALICE AUBRY A FAIT !
ELLE NE TIENT PAS COMPTE DE L'ARTICLE 23 DU CODE DE VIE !
JE M'EN OCCUPE, MADAME FATTAL.
JE VOUS LAISSE RETOURNER AUPRÈS DE VOS ÉLÈVES.
HEUREUSEMENT, MONSIEUR RIVET, LUI, M'A CRUE. IL M'A PROMIS QUE JE N'AURAI PAS DE ZÉRO. OUF !
C'EST SÛREMENT PATRICK QUI A COLLÉ LA GOMME SUR LE SIÈGE DU PROF.
TU NE L'AS PAS DÉNONCÉ ?
NON ! JE NE SUIS PAS GIGI FOSTER, MOI ! ET JE N'AI AUCUNE PREUVE.

5 MINUTES PLUS TARD...
OH, ALICE ! TU AS UN POISSON D'AVRIL SUR TON BLOUSON !
WOW ! JE PARIE QUE C'EST CATHERINE FRONTENAC QUI L'A FAIT.
CET APRÈS-MIDI, EN OUVRANT MON PUPITRE POUR PRENDRE MON CAHIER, J'AI TROUVÉ UNE ÉNORME ARAIGNÉE.
HAAA AAA !!!
LE COUPABLE, C'ÉTAIT PATRICK DROLET ! COMME J'AVAIS FAIT UNE PRÉSENTATION SUR LES MYGALES, IL NE PENSAIT PAS QUE SA FAUSSE MYGALE ME FERAIT AUSSI PEUR.
C'ÉTAIT JUSTE UN POISSON D'AVRIL... DÉSOLÉ !
JE ME SENS UN PEU RIDICULE...
QUEL BÉBÉ, CETTE ALICE !

Vendredi 2 avril

À 15 h 30, pour une fois, je n'ai pas dû attendre Caro à la sortie de l'école. Elle partait avec Jessica. Sa copine l'a invitée à dormir chez elle.

En arrivant dehors, j'ai été éblouie par le soleil. Il faut dire qu'on ne l'avait plus vu depuis longtemps, celui-là. Tiens, qui m'attendait à la grille ? Zouzou, qui faisait sa sieste dans sa poussette ! Et maman, bien sûr.

– Bonjour, Alice ! On va passer à la boulangerie. J'ai besoin d'une baguette pour le souper.

En marchant le long du parc, j'ai déclaré à maman :

– Je voudrais déjà être à jeudi prochain ! J'ai tellement hâte de partir à Ottawa avec Marie-Ève !

– En parlant d'Ottawa, papa et moi, on a décidé de te donner un peu d'argent de poche pour ton séjour là-bas.

Super ! Parce que ma tirelire est désespérément vide…

La boulangerie-pâtisserie était envahie de lapins et de poussins en **chocolat**. C'est vrai qu'on est bientôt à Pâques. Hummm ! Ça sentait divinement bon ! J'ai réalisé que je mourais de faim. Sur le comptoir, les croissants aux amandes avaient l'air tellement appétissants ! Maman m'en a offert un.

– Tu en prends un, toi aussi ? lui ai-je demandé.

– Non merci. En arrivant à la maison, je boirai un verre de lait de soya.

Ma mère et son lait de soya... Comment est-il possible de préférer du lait de soya à un succulent croissant ?! Ça, c'est un mystère qui me dépasse totalement !

Après avoir payé le pain et mon croissant, maman a dit :

– Regarde le beau choix de pralines !

(Traduction, cher journal : des pralines, c'est le mot belge qui désigne de délicieux petits **chocolats**.)

Le père de Marie-Ève va te recevoir pendant quatre jours la semaine prochaine. On pourrait lui offrir une de ces belles boîtes.

– Bonne idée ! ai-je répondu. On la choisit maintenant ?

– Non, on repassera plutôt la veille de ton départ. Comme ça, les pralines seront bien fraîches.

Sur le chemin du retour, je me suis arrêtée devant une nouvelle boutique.

Sur la vitrine, il était écrit :

LA FRIPERIE DU QUARTIER
Vêtements et accessoires mode
de seconde main

Devant quelques vêtements accrochés sur de *jolis* cintres, il y avait un présentoir de bijoux. L'un d'eux miroitait au soleil. Je l'ai montré à maman et on est entrées dans le magasin. *Mais je te raconterai tout ça demain, cher journal.* Parce que papa vient de m'appeler pour le souper. Et ensuite, on va regarder un film sur la télé de mes parents, dans leur chambre.

Samedi 3 avril

Vers onze heures moins le quart, papa est parti chercher Caro chez Jessica. Quand la sonnette de la porte d'entrée a retenti, une demi-heure plus tard, je me suis précipitée pour aller ouvrir à ma sœur. Sans lui laisser le temps d'enlever son blouson, je lui ai tendu un mini-paquet dans son emballage-cadeau **rose cochon**. Ravie, Caroline a demandé :

– C'est pour moi ?

– Oui, ouvre vite !

Quand elle a vu ce qu'il contenait, elle a poussé un **hurlement** de joie.

– OUAAAH ! Un nouveau **porte-bonheur** ! Merci, Alice ! Il est presque aussi beau que l'autre !

Moi, je le trouve encore plus beau. Mais au moins, ma sœur est contente !

Je t'explique tout, cher journal.

Donc, hier, c'était un pendentif en argent que j'avais aperçu dans la vitrine de la friperie. Il ressemblait au porte-bonheur de Caro qui avait disparu dans les égouts. Sauf que les ailes de ce papillon-ci étaient recouvertes d'une matière scintillante qui change de couleur quand on bouge le bijou. Maman était d'accord pour que je l'achète avec l'argent de poche qu'elle venait de me promettre. Avec tout ça, il ne me reste que 5 $ pour Ottawa… Tant pis, ça en valait la peine.

Papa a promis à Caro qu'elle aurait une nouvelle chaîne en argent

pour ses huit ans. Ainsi,
elle pourra à nouveau porter
son **porte-bonheur** au cou.
En attendant, il scintille
sur l'écrin de satin rouge de la boîte
de Jimmy. Tout est bien qui
finit bien!

Finalement, mes cousins Olivier
et Félix ne viendront pas, eux
non plus, chez nos grands-parents
à Pâques. Ils sont invités par la famille
de tante Sophie à Québec.
Mais on se retrouvera tous à Covey
Hill en mai pour la fête des mères!

À bientôt,
cher journal!

Catalogage avant publication de Bibliothèque et Archives nationales du Québec et Bibliothèque et Archives Canada

Louis, Sylvie, 1960-

Le journal secret d'Alice Aubry

Adaptation en roman graphique de (œuvre) : Le journal d'Alice.
Pour enfants de 7 ans et plus.

ISBN 978-2-89739-911-5 (vol. 1)
ISBN version numérique 978-2-89739-913-9

1. Romans graphiques. I. Louis-Michaud, Blanche. II. Louis, Sylvie, 1960- . Journal d'Alice. III. Titre.

PS8623.O887J682 2017 jC843'.6
C2017-940475-X
PS9623.O887J682 2017

Gestion du projet et direction littéraire : Agnès Huguet
Direction artistique : Marie-Josée Legault
Révision linguistique : Céline Vangheluwe, Danielle Patenaude
Conception graphique : Nancy Jacques
Scénarisation des bandes dessinées : Sylvie Payette

Droits et permissions :
Barbara Creary
Service aux collectivités :
espacepedagogique@dominiqueetcompagnie.com
Service aux lecteurs :
serviceclient@editionsheritage.com

Dépôt légal : 3e trimestre 2017
Bibliothèque et Archives nationales du Québec
Bibliothèque et Archives Canada

Dominique et compagnie
1101, avenue Victoria
Saint-Lambert (Québec) J4R 1P8
Téléphone : 514 875-0327
Télécopieur : 450 672-5448
dominiqueetcompagnie@editionsheritage.com
dominiqueetcompagnie.com

Imprimé au Canada

Nous reconnaissons l'aide financière du gouvernement du Canada par l'entremise du Fonds du livre du Canada.

Nous reconnaissons l'aide financière du gouvernement du Québec par l'entremise du Programme de crédit d'impôt – SODEC – Programme d'aide à l'édition de livres.

Nous remercions le Conseil des arts du Canada de l'aide accordée à notre programme de publication.

Financé par le gouvernement du Canada | Canada